多様なニーズによりそう学校図書館

特別支援学校の合理的配慮を例に

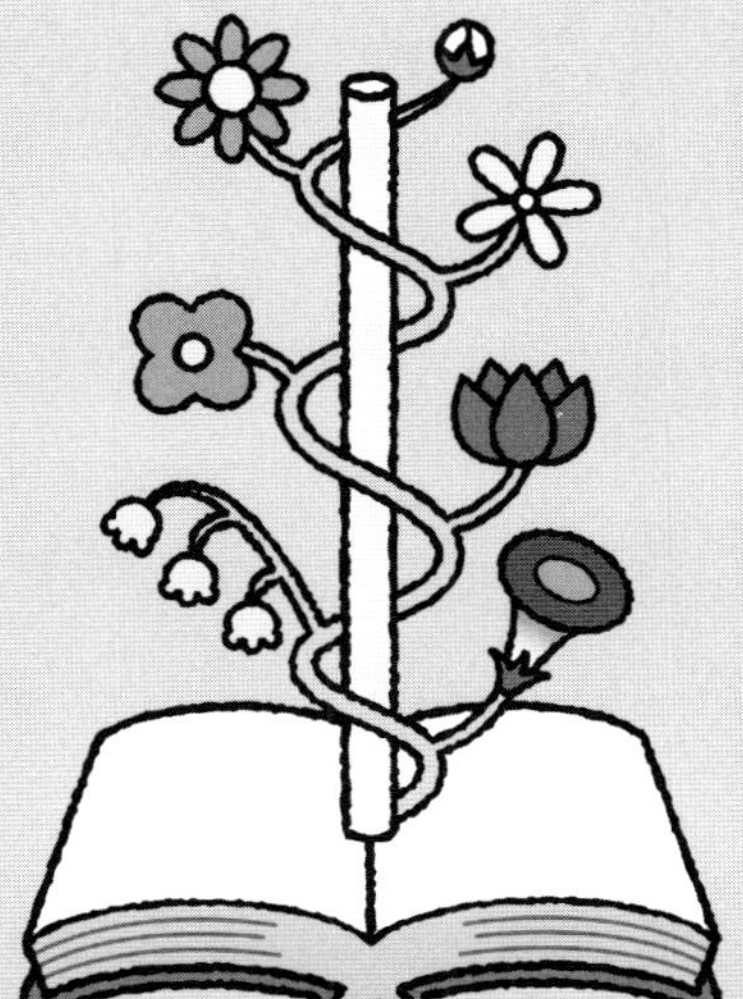

少年写真新聞社

はじめに

学校図書館は、「学校図書館法」にもとづき、「学校の教育課程の展開に寄与するとともに、児童又は生徒の健全な教養を育成することを目的」として、初等・中等教育段階のすべての学校に設置が義務づけられています。ここにいう「児童又は生徒」には、もちろん障害がある、日本語以外が母語であるなどのために何らかの特別な教育的ニーズのある子どもも含みます。また、「初等・中等教育段階のすべての学校」には、特別支援学校も含みます。

近年、学校教育に果たす学校図書館の重要性は増すばかりです。二〇一五（平成二七）年四月には、学校司書の法制化が実現しました。また、二〇一六（平成二八）年一一月には、文部科学省から「学校図書館ガイドライン」が出され、「学校図書館の運営上の重要な事項についてその望ましい在り方」が示されています。さらに、二〇一七（平成二九）年から二〇一八（平成三〇）年にかけて改訂告示された各校種の新しい「学習指導要領」の総則では、「学校図書館を計画的に利用しその機能の活用を図り、児童又は生徒の主体的・対話的で深い学びの実現に向けた授業改善に生かす」ことなどが明示されています。これらすべては、特別支援学校にも当てはまります。

そして、学校図書館活用のすぐれた実践も蓄積されてきています。このことは、当然、何らかの特別な教育的ニーズのある子どもを対象とした実践や、特別支援学校における実践でも、同様です。といいたいところですが、これらの実践に関しては、残念ながら、実践の蓄積はまだ限られています。

そもそも、筆者（野口）や公益社団法人全国学校図書館協議会が何度か実施してきた全国の特別支援学校を対象とした学校図書館の実態調査からは、小学校、中学校、高等学校に比べて学校図書館環境の厳しい現状が明らかとなっています。例えば、学校司書の配置率は一三％（参考：小学校六六・四％、中学校六九・五％、高等学校七六・九％）、平均蔵書冊数は四三四二冊（参考：小学校九七四五冊、中学校一〇九七一冊、高等学校二五四〇〇冊）、年間予算は一六・八万円（参考：小学校五六・二万円、中学校七四・八万円、高等学校一〇七・四万円）などでした（いずれも二〇一三年の全国学校図書館協議会調査)。驚くべきは、学校図書館の設置がない特別支援学校さえ一二%も存在しているのです。教室不足のために学校図書館を教室に転用せざるを得なかったというやむにやまれぬケースが多いのですが、設置義務に反していることに変わりはありません。教室が不足していたとしても、保健室はさすがに転用しないでしょう。そう考えると、学校図書館の校内での優先度が低い(つまり、なくても困らない存在と思われている)ことがうかがえます。こうした傾向は、知的障害者を対象とした特別支援学校ほど顕著です。「知的障害のある児童生徒には、図書館活用なんて無理です」。これは、筆者(野口)が一〇年以上前に調査で訪れた知的障害者を対象とした特別支援学校の校長から言われた一言です。こうした意識も、校内の学校図書館の扱いに反映されているのかもしれません。

しかし、本当にそうでしょうか。その答えの一つは、鳥取大学附属特別支援学校の実践にあります。知的障害者を対象とした特別支援学校だからこそ、学校図書館環境をきちんと整えることで活用の幅が広がっていくことが実感できる実践の数々です。この学校の実践は、特別支援学校のみならず、特別支援学級や通級指導教室を設ける小学校など、**すべての学校図書館の実践にも多くのヒントを与えてくれる**

でしょう。

二〇一六（平成二八）年四月に「障害を理由とする差別の解消の推進に関する法律」（いわゆる「障害者差別解消法」）が施行され、国公立学校には障害者への合理的配慮が義務化されました（私立学校では努力義務）。また、二〇一九（令和元）年六月には、「視覚障害者等の読書環境の整備の推進に関する法律」（いわゆる「読書バリアフリー法」）が制定されました。こうした動向をふまえた取り組みが、今、すべての学校図書館で求められているのです。

本書は、理論と実践の二部構成としました。第一部では、理論編として、学校図書館の近年の動向を整理しつつ、合理的配慮とその的確な提供に向けての基礎的環境整備の考え方と主だった内容、今後の展望などをまとめています。第二部では、実践編として、鳥取大学附属特別支援学校の実践を具体的に紹介しています。

本書が、特別支援学校はもちろんのこと、小学校などのすべての学校図書館における特別な教育的ニーズのある子どもに対する実践のさらなる充実に向けての一助になれば幸いです。

目次

はじめに……2

第一部　理論編：学校図書館における基礎的環境整備と合理的配慮

第一章　重要さを増す学校図書館……11
一　学校図書館の整備・充実への動き
二　利活用してこその学校図書館
三　すべての学校で、すべての子どものために

第二章　義務化された合理的配慮の提供……19
一　「障害者差別解消法」の施行と合理的配慮の義務化
二　合理的配慮の背景と意味
三　必要性が増す合理的配慮
四　合理的配慮のノウハウ
五　合理的配慮≠特別支援教育

第三章　多様なニーズの理解と把握……27
一　見えない・見えにくい状態とそのニーズ
二　聞こえない・聞こえにくい状態とそのニーズ
三　資料を持てない・持ちにくい状態とそのニーズ

四　学校図書館にアクセスできない・しにくい状態とそのニーズ
五　読めない・読みにくい状態とそのニーズ
六　わからない・わかりにくい状態とそのニーズ
七　その他の状態とそのニーズ

第四章　合理的配慮を支える基礎的環境整備の推進 …… 39
一　合理的配慮と基礎的環境整備の関係
二　校内体制の整備
三　施設・設備・サインの改善
四　読書補助具や機器の整備
五　アクセシブルな資料の整備
六　学校図書館における基礎的環境整備の現状

第五章　学校図書館における合理的配慮の提供 …… 57
一　アクセシブルな資料の製作
二　対面朗読（代読）
三　出張貸出
四　貸出期間の延長や冊数の拡大
五　読み聞かせなどの活動での配慮
六　その他の配慮
七　合理的配慮に関するガイドラインとチェックリスト

第六章　「読書バリアフリー法」の時代をむかえて　71
一　「マラケシュ条約」の発効
二　「読書バリアフリー法」の制定
三　「読書バリアフリー法」の内容
四　「読書バリアフリー法」をいかすために

第二部　実践編：鳥取大学附属特別支援学校の挑戦

第一章　知的障害のある子どもたちと読書　79
一　知的障害特別支援学校の学校図書館
二　知的障害がある子どもたちにも読書の楽しさや学校図書館の利活用を！
三　知的障害のある子どもたちと読書のニーズ

第二章　学校図書館ビフォーアフター　85
一　校舎改修前の学校図書館
二　学校図書館のリニューアルオープン！

第三章　障害特性や発達段階に応じた環境整備（施設・設備・資料）　93
一　アクセスのよさは抜群
二　障害に配慮した「ワーキングルーム」を併設
三　プロジェクター&大型スクリーンの設置

四　わかりやすい分類表示
五　わかりやすい貸出・返却方法
六　居心地のよい、親しみの持てる図書館環境
七　見てわかりやすい展示の工夫
八　バリアフリーコーナーの設置とわかりやすい資料の充実・整備
九　視聴覚ライブラリーの充実と整備
一〇　タブレット端末で、どこでもDAISYが楽しめる環境に！

第四章　学校図書館を支える人的体制とネットワーク …… 109
一　司書教諭と学校司書
二　図書館ネットワーク

第五章　個に応じた学校図書館サービス …… 117
一　「読書カルテ」の作成
二　個のニーズに応じた貸出やリクエスト・レファレンスへの対応

第六章　学校図書館を活用した授業と支援 …… 129
一　司書教諭と学校司書が授業に参加
二　学校図書館を活用した授業の具体例

第七章　学校図書館を活用した探究的な学習「レッツ鳥取じまん～鳥取の陶芸の巻～」……141
一　「生活単元学習」って何？
二　「レッツ鳥取じまん～鳥取の陶芸の巻～」について
三　具体的な取り組み
おわりに……164

第一部　理論編：学校図書館における基礎的整備と合理的配慮

第一章　重要さを増す学校図書館

一　学校図書館の整備・充実への動き

まずは学校図書館の変遷を見ていきましょう。「鍵のかかった学校図書館」「無人の学校図書館」。かつて盛んに指摘されたこれらの学校図書館の姿を変えるべく、一九九〇年代以降、改善が目指されてきました。文部省（現在の文部科学省）は、一九九三（平成五）年三月に、学校図書館における蔵書の整備目標値である「学校図書館図書標準」を設定し、あわせて蔵書の整備に向けての地方財政措置である「学校図書館図書整備五か年計画」もスタートさせました。また、一九九七（平成九）年六月には「学校図書館法」を一部改正し、二〇〇一（平成一三）年四月から一二学級以上の規模の学校には司書教諭を必置としました。

その後、二〇〇一（平成一三）年一二月に「子どもの読書活動の推進に関する法律」、二〇〇五（平成一七）年七月には「文字・活字文化振興法」が相次いで制定されました。前者にもとづいて、国は五年に一度「子供の読書活動の推進に関する基本的な計画」を策定しています（現行の第四次計画は二〇一八年に策定）。これらの法律や計画の中にも、学校図書館の整備・充実が盛り込まれています。

そして、二〇一四（平成二六）年六月、「学校図書館法」の一部が改正されて、二〇一五（平成二七）年四月に学校司書の法制化が実現しました。ただし、配置は努力義務とされました。

これに関連して、文部科学省は二〇一六（平成二八）年一一月に「学校司書のモデルカリキュラム」を示し、これにもとづく学校司書養成が大学・短期大学において行われることとなりました。

二〇一六（平成二八）年一一月には、「学校図書館ガイドライン」も文部科学省から出されています。これは、「学校図書館をめぐる現状と課題を踏まえ、さらなる学校図書館の整備充実を図るため、教育委員会や学校等にとって参考となるよう、学校図書館の運営上の重要な事項についてその望ましい在り方」を示したものです。（1）学校図書館の目的・機能、（2）学校図書館の運営、（3）学校図書館の利活用、（4）学校図書館に携わる教職員等、（5）学校図書館における図書館資料、（6）学校図書館の施設、（7）学校図書館の評価、の構成となっています。このガイドラインの中で注目すべきは、「校長は、学校図書館の館長としての役割も担って」いると明示したことでしょう。

もちろん、蔵書の整備状況や学校司書の配置状況など、学校図書館の整備・充実の状況は、地域や校種によって差があります。学校図書館は、「学校図書館法」第一条にあるように、「学校教育において欠くことのできない基礎的な設備」であり、そこに格差が生じていてよいわけはありません。学校教育に不可欠なインフラである学校図書館の格差是正と一層の整備・

充実に向けて、文部科学省や各地の教育委員会には、さらなる施策の推進が求められます。

二　利活用してこその学校図書館

なぜ学校図書館を整備・充実させるのでしょうか。それは、当然ながら、利活用のためです。「学校図書館法」では、学校図書館の目的を「学校の教育課程の展開に寄与するとともに、児童又は生徒の健全な教養を育成すること」（第二条）としています。この目的を意識して利活用を進めることが大切です。

学校図書館の利活用というと、いまだに読書活動だけを思い浮かべる人がいるようです。確かに読書活動は重要ですが、それだけが学校図書館の利活用の姿ではありません。今日、学習活動との関わり、とりわけ授業での利活用が重視されてきています。すなわち、次に述べる機能のいずれもが大切であり、それらの機能が発揮できる学校図書館を目指していきましょう。

学校図書館には、学校内にあって、「児童生徒の読書活動や児童生徒への読書指導の場である『読書センター』」としての機能はもちろんのこと、「児童生徒の学習活動を支援したり、授業の内容を豊かにしてその理解を深めたりする『学習センター』」、「児童生徒や教職員の情報ニーズに対応したり、児童生徒の情報の収集・選択・活用能力を育成したりする『情報センター』」としての機能があります（説明は「学校図書館ガイドライン」による）。あわせて、児童生徒の「心の居場所」としての機能や、教職員の教材研究などをサポートする機能もあります。

二〇一七（平成二九）年から二〇一八（平成三〇）年にかけて改訂告示された各校種の「学習指導要領」では、総則において、「学校図書館を計画的に利用しその機能の活用を図り、児童又は生徒の主体的・対話的で深い学びの実現に向けた授業改善に生かすとともに、児童又は生徒の自主的、自発的な学習活動や読書活動を充実すること」と明示しています。また、総則では、「言語能力の育成を図るため、各学校において必要な言語環境を整えるとともに、国語科を要としつつ各教科等の特質に応じて、児童又は生徒の言語活動を充実すること」や「情報活用能力の育成を図るため、各学校において、コンピュータや情報通信ネットワークなどの情報手段を活用するために必要な環境を整え、これらを適切に活用した学習活動の充実を図ること。また、各種の統計資料や新聞、視聴覚教材や教育機器などの教材・教具の適切な活用を図ること」なども示しています。これからの学校教育において、学校図書館の果たす役割はますます大きなものとなってきています。

とはいえ、各教職員に任せているだけでは、学校図書館の利活用は進みません。現在の大学・短期大学における教員養成課程（教職課程ともいいます）では学校図書館のことを学ぶ必修科目は設けられていませんから、学校図書館の利活用を教育方法（指導法）として認識し、実践できる人は限られているのが実態です。

学校図書館の実務担当者（司書教諭、学校司書など）は、教職員に対して、学校図書館の利活用促進に向けて積極的に働きかけをしなければなりません。例えば、司書教諭が率先して授業で学校図書館を利活用してモデルを示す、教職員向けの図書館だよりを発行して利活用の事例を紹介する、館長である校長に教職員向けに学校図書館を利活用することの意義を講話してもらう、研修担当の分掌と協力して学校図書館の利活用をテーマとした校内研修を行うなど、さまざまな働きかけ方があります。

また、「学習指導要領」にあるように「学校図書館を計画的に利用しその機能の活用を図る」ためには、そのための各種の年間計画を立案し、全教職員に周知することも欠かせません。「学校図書館ガイドライン」では、「学校は、教育課程との関連を踏まえた学校図書館の利用指導・読書指導・情報活用に関する各種指導計画等に基づき、計画的・継続的に学校図書館の利活用が図られるよう努めることが望ましい」としています。

三　すべての学校で、すべての子どものために

「特別支援教育における学校図書館の役割は何でしょうか?」という質問を受けることがあります。それに対しては、「特別支援教育に特有の学校図書館の役割というものはありません」と答えています。本章の一と二で述べてきたことは、**特別支援学校の学校図書館にも、特別支援学級や通級指導教室を設置する学校の学校図書館にも、何ら変わることなく当てはまります。**

ただし、特別支援教育を受けている子どもに対しては、学校図書館においても、その子どものニーズに応じた配慮が提供される必要があります。そうでなければ、学校図書館を利用することが難しくなってしまうからです。例えば、見えにくい状態にある「弱視」の子どもに対して、拡大文字資料や拡大読書器などが用意・提供されなければ、学校図書館の利活用は著しく阻害されます。そうならないように、拡大文字資料や拡大読書器などを用意・提供すること、それが次章以降で詳しく述べていく合理的配慮とその的確な提供に向けての基礎的環境整備ということになります。

学校図書館は、その学校に在籍する子どもと教職員全員が等しく利活用できなければなりません。みなさんが担当している、または利活用している学校図書館は、そうなっています

か？　そうなっていないとしたら、どのような取り組みをすればよいでしょうか。本書を通して、一緒に考えていきましょう。

第二章　義務化された合理的配慮の提供

一　「障害者差別解消法」の施行と合理的配慮の義務化

二〇一六（平成二八）年四月から障害者（子どもを含む。以下、同じ）への合理的配慮の提供が国公立学校を含む行政機関等において義務化されました。これは、「障害を理由とする差別の解消の推進に関する法律」（以下、「障害者差別解消法」）の施行によるものです。

この法律は、「全ての障害者によるあらゆる人権及び基本的自由の完全かつ平等な享有を促進し、保護し、及び確保すること並びに障害者の固有の尊厳の尊重を促進すること」を目的とした「障害者の権利に関する条約」（二〇〇六年一二月国連総会採択、二〇一四年二月国内発効）を批准するための国内法整備の一環として二〇一三（平成二五）年六月に公布された法律です。「障害を理由とする差別の解消を推進し、もって全ての国民が障害の有無によって分け隔てられることなく、相互に人格と個性を尊重し合いながら共生する社会の実現に資することを目的」（第一条）としています。

「障害者差別解消法」の主なポイントは、次のようになります。

・基礎的環境整備の努力義務（国公立学校、私立学校ともに適用）
・不当な差別的取扱いの禁止（国公立学校、私立学校ともに適用）
・合理的配慮の提供の義務（国公立学校に適用、私立学校については努力義務）

二　合理的配慮の背景と意味

合理的配慮の背景には、障害者もそうでない者と平等に生きることのできる社会を当たり前のものとしていこうとするノーマライゼーション（normalization）という理念があります。今から五〇年ほど前に北欧で登場したこの理念は、いまや世界各国の社会政策に取り入れられています。ノーマライゼーションを実現するための取り組みとして、バリアフリー（barrier free）やユニバーサルデザイン（universal design）がよく知られ、また各方面で実践されています。学校におけるインクルーシブ教育（inclusive education）の推進もこの取り組みの一つといえます。

さて、合理的配慮とは、どういう意味なのでしょうか。「障害者の権利に関する条約」では、「障害者が他の者との平等を基礎として全ての人権及び基本的自由を享有し、又は行使することを確保するための必要かつ適当な変更及び調整であって、特定の場合において必要とされるものであり、かつ、均衡を失した又は過度の負担を課さないものをいう」（第二条）と定義しています。また、中央教育審議会の初等中等教育分科会特別支援教育の在り方に関する特別委員会では、合理的配慮を学校に即して、「障害のある子どもが、他の子どもと平等に「教育を受ける権利」を享有・行使することを確保するために、学校の設置者及び学校が必要かつ適当な変更・調整を行うことであり、障害のある子どもに対し、その状況に応じて、学校教育を受ける場合に個別に必要とされるもの」であり、「学校の設置者及び学校に対して、体制面、財政面において、均衡を失した又は過度の負担を課さないもの」と説明しています。

以上から、合理的配慮をわかりやすく言うならば、〝**障害者本人やその保護者からの意思の表明（配慮へのニーズの表明）にもとづき、場面や状況に応じた変更や調整を、学校の体制や費用などの負担がかかり過ぎない範囲で行うこと**〟となるでしょう。

二〇一五（平成二七）年二月に閣議決定された日本政府の「障害を理由とする差別の解消の推進に関する基本方針」では、合理的配慮の例として、次のようなものが示されています。

・車椅子利用者のために階段に携帯スロープを渡す、高い所に陳列された商品を取って渡すなどの物理的環境への配慮

・筆談、読み上げ、手話などによるコミュニケーション、分かりやすい表現を使って説明をするなどの意思疎通の配慮

・障害の特性に応じた休憩時間の調整などのルール・慣行の柔軟な変更

合理的配慮を障害者に的確に提供するには、計画的かつ継続的な基礎的環境整備（事前的改善措置ともいわれます）に努める必要があります。「障害者差別解消法」では、「自ら設置

する施設の構造の改善及び設備の整備、関係職員に対する研修その他の必要な環境の整備に努めなければならない」（第五条）としています。

こうした合理的配慮と基礎的環境整備は、学校図書館にも当てはまります。学校図書館に即して第四章と第五章で具体的に考えていきたいと思います。

三　必要性が増す合理的配慮

本書の読者の中には、「うちの学校は、特別支援学校ではないし、校内に特別支援学級も通級指導教室もないから、合理的配慮は関係ない」と思う人がいるかもしれません。しかし、実際には、そうではありません。インクルーシブ教育が推進されている今日、特別支援学級や通級指導教室の設置の有無に関係なく、すべての学校に障害者が在籍している可能性が高いからです。しかも、「障害者差別解消法」が対象とする障害者は、医学的診断を受けて障害者手帳などを取得した人だけに限りません。日本政府の「障害を理由とする差別の解消の推進に関する基本方針」では、「法が対象とする障害者は、いわゆる障害者手帳の所持者に限られない」と明示しています。では、文部科学省の資料から確認しておきましょう。

次ページの図は、文部科学省がウェブサイトで公表しているものです。現在、特別支援

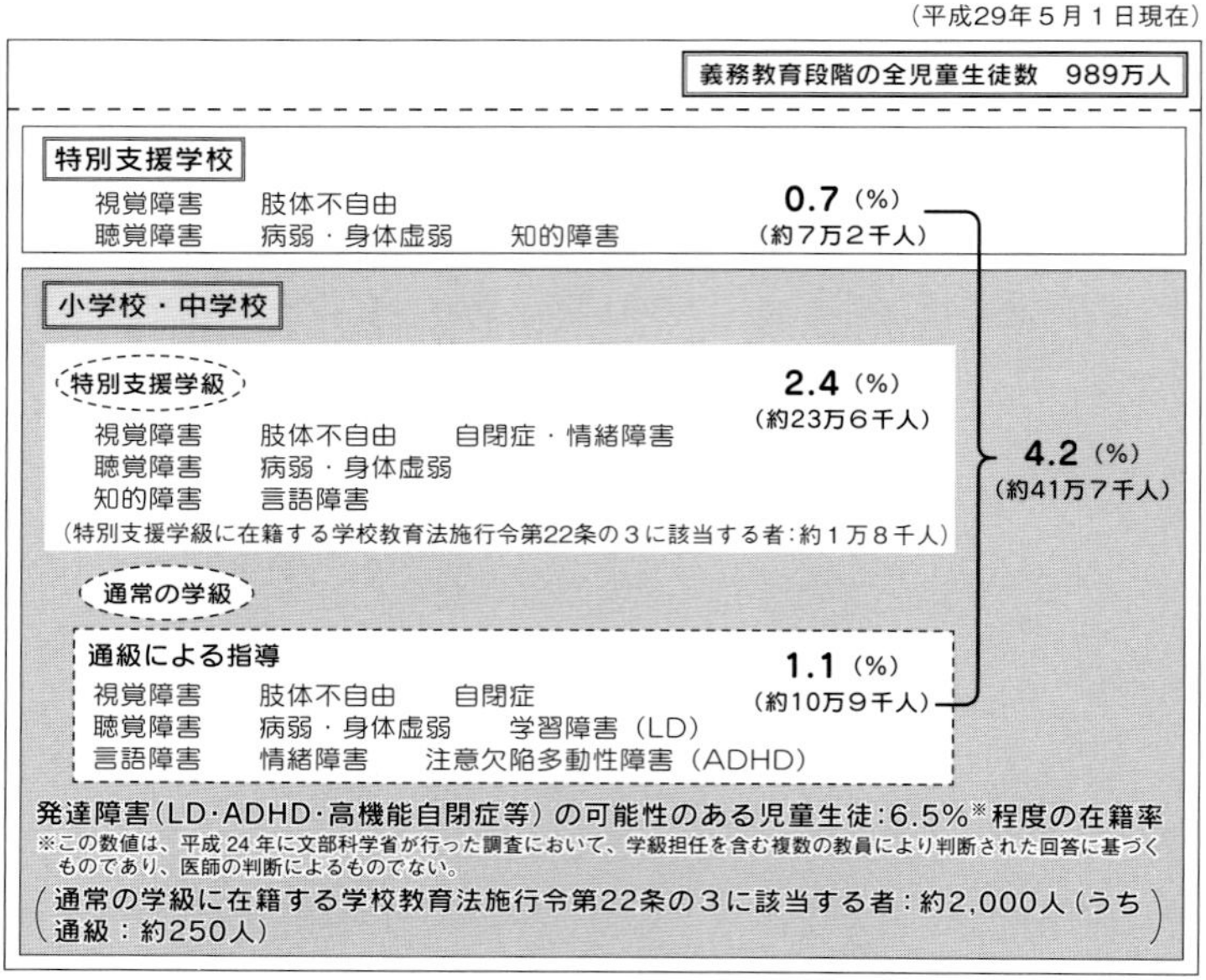

義務教育段階の「特別支援教育」の現状

出典：「２０１９年度文部科学省事業説明」（発達障害支援及び関係機関の連携による支援体制の充実支援に係る事業について）文部科学省初等中等教育局特別支援教育課
(http://www.rehab.go.jp/ddis/?action=common_download_main&upload_id=4117)(2019年)

教育を受けている障害者は、学齢期の子どもの四・二%に当たります。就学先は、特別支援学校よりも小学校・中学校（特別支援学級と通級指導教室）のほうが多くなっています。加えて、小学校・中学校の通常の学級には、発達障害の可能性のある子どもが六・五%程度在籍しているとされます。なお、上図には、高等学校は含まれていませんが、高等学校においても発達障害者を中心に障害者の在籍が増える傾向にあります。二〇一八（平成三〇）年度からは、高等学校でも通級による指導（通級指導教室）が開始されています。

以上からも明らかなように、合理的配慮はすべての学校に関わる実践課題なのです。

四　合理的配慮のノウハウ

正直なところ、合理的配慮という耳慣れない用語に戸惑っているという人も少なくないと思います。でも、安心してください。合理的配慮に相当するものは、すでにこれまでの特別支援教育の中で実践されてきたものと重なる部分が多く含まれているのです。

特別支援学校の教員、特別支援学級や通級指導教室の担当教員、特別支援教育コーディネーター、養護教諭、スクールカウンセラーなどには、すでに合理的配慮についてのある程度のノウハウがあります。こうした校内外の教職員との情報交換や連携が、学校図書館における合理的配慮とその的確な提供に向けての基礎的環境整備の推進に大いに役立つことでしょう。まさに〝チームとしての学校〟の視点で取り組むということです。

五　合理的配慮≠特別支援教育

では、合理的配慮と特別支援教育は同じなのかといえば、そうではありません。すでに述べたように、特別支援学校、特別支援学級、通級指導教室などで特別支援教育を受けている障害者以外にも通常の学級には障害者（特に発達障害者）が学んでいます。

そこで、特別支援教育という枠にとどまることなく、障害者が学校内の各場面において必要とする変更や調整を本人や保護者の求めに応じて提供していこうとするのが合理的配慮なのです。合理的配慮は、学校全体（もちろん、学校図書館を含む）で提供するものですので、全教職員が担当分掌に応じて担う必要があります。

以上、本章では、合理的配慮の意味、必要性などについて述べてきました。障害者といっても、どういった配慮が必要か（配慮へのニーズ）は、人によってさまざまです。しかし、そのニーズには、ある程度共通する部分もあります。その点をおさえておくと、合理的配慮の提供や基礎的環境整備の推進への見通しが持ちやすくなります。そこで、次の第三章では、読書や学校図書館利用に際しての障害者のニーズについて紹介したいと思います。

第三章　多様なニーズの理解と把握

一　見えない・見えにくい状態とそのニーズ

見えない・見えにくい状態と聞くと、視覚障害者を想起する人が多いでしょう。

視覚障害者のうち、見えない状態にある人を「盲《もう》」、見えにくい状態にある人を「弱視」や「ロービジョン」といいます。視覚障害者のおよそ七割が「弱視」といわれています。「弱視」の人の多くは、特別支援学校ではなく、小学校、中学校、高等学校で学んでいます。

「学校教育法施行令」では、特別支援学校の対象となる視覚障害者の障害の程度を「両眼の視力がおおむね〇・三未満のもの又は視力以外の視機能障害が高度のもののうち、拡大鏡等の使用によっても通常の文字、図形等の視覚による認識が不可能又は著しく困難な程度のもの」と規定しています（第二十二条の三）。あわせて、「視力の測定は、万国式試視力表によるものとし、屈折異常があるものについては、矯正視力によって測定する」としています。また、「障害のある児童生徒の就学について」（文部科学省通知）では、小学校などの特別支援学級の対象となる視覚障害者の障害の程度について、「拡大鏡等の使用によっても通常の文字、図形等の視覚による認識が困難な程度のもの」としています。

「盲」の人の場合、視覚以外の手段で読書ができるような配慮が必要です。具体的には、聴覚を活用して読書できるようにする（音声化）、指の触覚を活用して読書できるようにする

（点字化）、両者の併用などです。また、読書だけではなく、学校図書館の利用そのものへの配慮も必要です。学校図書館への来館、館内の移動、貸出・返却の手続きなどにも、前述の聴覚や触覚を活用する形での配慮が求められます。

「弱視」の人の場合も、すでに述べた「盲」の人への配慮が妥当します。あわせて、文字を拡大化することで視覚を活用しての読書が可能な人もたくさんいます。

二　聞こえない・聞こえにくい状態とそのニーズ

聴覚障害者は、聞こえない・聞こえにくい状態にあります。特に、聞こえない状態にある人を「ろう」、聞こえにくい状態にある人を「難聴」といいます。「弱視」の人と同様に「難聴」の人の多くが小学校、中学校、高等学校で学んでいます。

「学校教育法施行令」では、特別支援学校の対象となる聴覚障害者の障害の程度について、「両耳の聴力レベルがおおむね六〇デシベル以上のもののうち、補聴器等の使用によっても通常の話声を解することが不可能又は著しく困難な程度のもの」と規定しています（第二十二条の三）。あわせて、「聴力の測定は、日本工業規格によるオージオメータによる」としています。また、「障害のある児童生徒の就学について」（文部科学省通知）では、小学校などの特別支援学級の対象となる聴覚障害者の障害の程度について、「補聴器等の使用によっても通常の話声を解することが困難な程度のもの」としています。

聴覚障害者は、見えない・見えにくい状態にあるわけではないため、読書に困難はないだろうと思われがちです。しかし、実際にはそうではありません。生まれつき「ろう」の人の場合、音声言語としての「日本語」の「聞く・話す」の習得に困難があるため、その習得をベースとしている「日本語」の読み書きにも困難を伴いがちなのです。

また、「ろう」の人では、「日本手話」という手話言語（手話も一つの言語です）を母語としているケースも多く、「日本手話」は「日本語」と異なる文法や体系を持つため、「日本語」の文章表現に理解しづらい面があるともいわれています。「難聴」の人でも、読書に困難を感じている人が少なくありません。

学校図書館では、読みやすい文章表現や内容の資料の収集に留意したり、読み聞かせなどの聴覚ベースの活動の際に手話を取り入れたり、カウンターで筆談によるコミュニケーションができる準備をしておくとよいでしょう。

三　資料を持てない・持ちにくい状態とそのニーズ

腕や手指の機能に障害があるために、図書などの資料を自分で持てない・持ちにくい状態の人もいます。肢体不自由者のうち上肢障害者が該当します。書架から資料を取り出す、資料のページをめくるなど、読書に必要となる動作が困難となりがちです。

学校図書館の実務担当者（司書教諭、学校司書など）や周囲の子どもが代わりに資料を取ってあげたり、ページをめくってあげたりなどのちょっとした配慮で困難は軽減できます。また、見えない・見えにくい状態の人のところで挙げた、音声化して読書できるようにすることや資料のページをめくるための補助具を導入することも有効です。

四　学校図書館にアクセスできない・しにくい状態とそのニーズ

学校図書館そのものへのアクセスができない・しにくい状態の人もいます。

学校図書館が階段しかない校舎の二階以上にある場合、肢体不自由者のうち下肢障害者、とりわけ車椅子を利用している人ではアクセスが容易ではありません。学校図書館内の段差や書架間の広さ、書架・閲覧机・カウンターの高さもアクセスのしやすさに関わってきます。

校舎内での学校図書館の位置の見直しや館内のバリアフリー化など、計画的・継続的な基礎的環境整備が欠かせません。

また、病院などに長期入院している病弱者のために院内学級（あるいは分教室）を設けている特別支援学校や小学校、中学校もあります。本校の学校図書館から院内学級（あるいは分教室）に置かれた学校図書館の分館や学級文庫へ定期的に配本するなど、学校図書館利用の可能性を高める工夫が求められます。

なお、特別支援学校の対象となる肢体不自由者と病弱者の障害の程度についても、「学校教育法施行令」に規定されています（第二十二条の三）。

肢体不自由者については、「一　肢体不自由の状態が補装具の使用によっても歩行、筆記等日常生活における基本的な動作が不可能又は困難な程度のもの／二　肢体不自由の状態が前号に掲げる程度に達しないもののうち、常時の医学的観察指導を必要とする程度のもの」

病弱者については「一　慢性の呼吸器疾患、腎臓疾患及び神経疾患、悪性新生物その他の疾患の状態が継続して医療又は生活規制を必要とする程度のもの／二　身体虚弱の状態が継続して生活規制を必要とする程度のもの」との規定になっています。

また、小学校などの特別支援学級の対象となる肢体不自由者、病弱者・身体虚弱者の障害の程度についても、「障害のある児童生徒の就学について」（文部科学省通知）に示されています。

肢体不自由者については「補装具によっても歩行や筆記等日常生活における基本的な動作に軽度の困難がある程度のもの」

病弱者・身体虚弱者については「一　慢性の呼吸器疾患その他の疾患の状態が持続的又は間欠的に医療又は生活の管理を必要とする程度のもの／二　身体虚弱の状態が持続的に生活の管理を必要とする程度のもの」としています。

五　読めない・読みにくい状態とそのニーズ

視力という点で見えない・見えにくい状態ではないにもかかわらず、文章や文字情報をそのままでは読めない・読みにくい状態にある人がいます。

例えば、「ディスレクシア」の状態にある人が該当します。「ディスレクシア」の状態は、発達障害の一種である学習障害（ＬＤ）の中心的な症状とされています。文部科学省では、学習障害を「基本的には全般的な知的発達に遅れはないが、聞く、話す、読む、書く、計算する又は推論する能力のうち特定のものの習得と使用に著しい困難を示す様々な状態を指すものである。学習障害は、その原因として、中枢神経系に何らかの機能障害があると推定されるが、視覚障害、聴覚障害、情緒障害などの障害や、環境的な要因が直接の原因となるものではない」と定義しています。

二〇一二（平成二四）年に行われた文部科学省の調査では、学齢児童生徒の約五％が学習障害者と推計されています。この学習障害者の約七～八割が「ディスレクシア」の状態であり、「読み書き障害」「読字障害」などともいわれています。

学習障害者を対象とする特別支援教育の場は、現在のところ、通級による指導しかありません（学習障害者を対象とした特別支援学校と特別支援学級は設置されていません）。言い換えると、「ディスレクシア」の状態にある人は、すべて、原則として通常の学級で学んでいるのです。

「ディスレクシア」の状態は、視覚障害や知的障害などがあるわけではないのに、次ページの図のように文字を脳が認識してしまうために、読めない・読みにくい状態になってしまいます。また、文字と音がうまく結びつかないために、読めない・読みにくい状態になっている人もいます。「ディスレクシア」の状態は、読みの練習を繰り返しても治るわけではありません。努力不足や怠学が「ディスレクシア」の状態の原因ではないからです。それにもかかわらず、読む練習をたくさんするなど、努力さえすれば読めるようになると誤解してい

さまざまなディスレクシアの状態

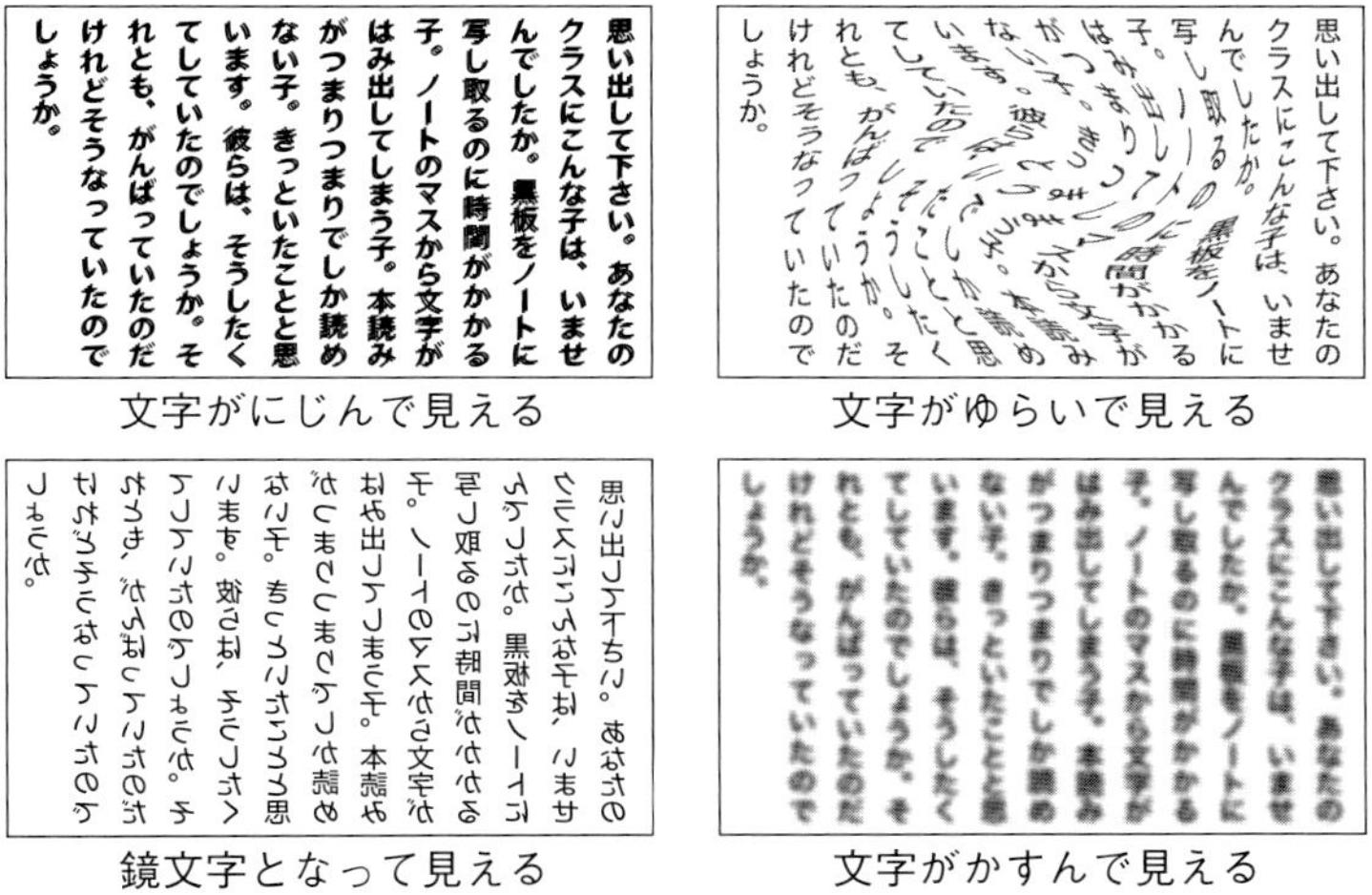

出典：公益財団法人日本障害者リハビリテーション協会

る教職員は少なくありません。指導の仕方を誤ると、不登校などにつながるケースもありますので、注意が必要です。

大切なのは、読めない・読みにくい状態を補う適切な配慮です。文章の音声化や拡大文字化、読書補助具（リーディングトラッカーなど）の使用といった方法があります。読書補助具は、写真を交えて第四章でくわしく紹介したいと思います。

なお、読めない・読みにくい状態は、「ディスレクシア」の状態にある人だけに限りません。不随意運動（意志に関係なく勝手に動いてしまう状態）を伴う脳性まひの人の場合も、頭部が勝手に動いてしまって視線が定まらず、読むことに困難が伴いがちになります。この場合も、文章の音声化や拡大文字化といった配慮が有効となります。

六　わからない・わかりにくい状態とそのニーズ

文章の意味理解や記憶などに困難を伴いがちなのが知的障害者です。知的障害者は、読めない・読みにくい状態というよりも、配慮がないとわからない・わかりにくい状態になりやすいといえるでしょう。言い換えれば、わかりやすさを意識した適切な配慮がなされれば、読むことの困難さの軽減が可能です。

知的障害者に対しては読み聞かせはもちろんのこと、絵本以外の図書資料では文章のリライト（やさしく書き直すこと）や意味理解を補うイラストや絵記号（サイン、ピクトグラム）を添えるといった配慮も効果的です。タイトル数は少ないですが、リライトや絵記号を施した図書（ＬＬブックといいます）も出版されています（第四章でくわしく紹介します）。

なお、知的障害者を対象とする特別支援学校の設置数と、小学校などに設けられた知的障害者を対象とする特別支援学級の設置数は、それぞれ約七五〇校、約一万七〇〇〇学級となっています。いずれも、特別支援学校、特別支援学級の中で最多です。

「学校教育法施行令」では、特別支援学校の対象となる知的障害者の障害の程度について、「一知的発達の遅滞があり、他人との意思疎通が困難で日常生活を営むのに頻繁に援助を必要とする程度のもの／二　知的発達の遅滞の程度が前号に掲げる程度に達しないもののうち、社会生活への適応が著しく困難なもの」と規定しています（第二十二条の三）。

また、「障害のある児童生徒の就学について」（文部科学省通知）では、小学校などの特別支援学級の対象となる知的障害者の障害の程度について、「知的発達の遅滞があり、他人との意思疎通に軽度の困難があり日常生活を営むのに一部援助が必要で、社会生活への適応が困難である程度のもの」としています。

七　その他の状態とそのニーズ

本章で述べてきたもののほかにも、言語障害や自閉スペクトラム障害（ＡＳＤ）、注意欠陥多動性障害（ＡＤＨＤ）など、さまざまなニーズのある人たちが学校で学び、学校図書館を利用しています。また、複数の障害をあわせ持つ重複障害の人も増える傾向にあります。

すべての学校図書館では、こうした多様なニーズへの配慮が求められているのです。次の第四章と第五章では、配慮（合理的配慮とその的確な提供に向けての基礎的環境整備）の具体的な内容や方法について紹介したいと思います。

第四章　合理的配慮を支える基礎的環境整備の推進

一　合理的配慮と基礎的環境整備の関係

すでに第二章の中で、合理的配慮と基礎的環境整備の意味については説明しましたが、両者の関係について、改めて整理しておきましょう。

・合理的配慮：障害者一人ひとりの配慮へのニーズにもとづいた変更や調整（直接サービス）
・基礎的環境整備：合理的配慮を的確に提供できるようにするための環境づくり（間接サービス）

合理的配慮と基礎的環境整備は不可分の関係です。基礎的環境整備を計画的・継続的に進めることで、提供できる合理的配慮の内実が広がります。基礎的環境整備は、合理的配慮を的確に提供するための土台ということもできるでしょう。

このうち、本章では、基礎的環境整備に注目して、具体的に述べていきたいと思います。学校図書館における基礎的環境整備としては、（一）校内体制の整備、（二）施設・設備・サインの改善、（三）読書補助具や機器の整備、（四）アクセシブルな資料の整備 が主なものとして挙げられるでしょう。

二　校内体制の整備

まず、子どもの配慮へのニーズについて、学級担任や特別支援教育コーディネーター、養護教諭、スクールカウンセラーなどと学校図書館の実務担当者（司書教諭、学校司書など）が情報共有・連携できる体制をつくることが必要です。第二章でも述べた〝チームとしての学校〟の視点での体制づくりといえます。

〝チームとしての学校〟とは、「校長のリーダーシップの下、カリキュラム、日々の教育活動、学校の資源が一体的にマネジメントされ、教職員や学校内の多様な人材が、それぞれの専門性を生かして能力を発揮し、子どもたちに必要な資質・能力を確実に身に付けさせることができる学校」と文部科学省は説明しています。

しかし、残念ながら、校内の連携体制から学校図書館の実務担当者だけが抜け落ちている学校は少なくないといわれています。校長にも働きかけて、学校図書館の実務担当者を含めた〝チームとしての学校〟を実現していきましょう。文部科学省が示した「学校図書館ガイドライン」にあるように、「校長は、学校図書館の館長としての役割も担って」いるのですから。

三　施設・設備・サインの改善

学校図書館の施設・設備・サインのうち、どこがバリアとなるのか、どう改善（バリアフリーなど）したらよいのかは、学校に在籍する障害者一人ひとりのニーズが明確に把握できないと、対応しにくい部分もあります。

しかし、当然ながら、何もしなくていいというわけではありません。例えば、「ユニバーサルデザインの七原則」に照らして、学校図書館の施設・設備・サインの現状をチェックしてみることが有効でしょう。ユニバーサルデザインは、〝障害の有無に関係なく誰もが利用しやすい〟を実現するべく、一九八五年にアメリカ・ノースカロライナ州立大学の教授だったロナルド・メイスさんによって提唱されたもので、そのポイントを示したのが七原則です。

国立特別支援教育総合研究所のウェブサイト（https://www.nise.go.jp）では、七原則を和訳して掲載しています。一部要約しつつ、紹介したいと思います。

原則一：公平な利用

どのようなグループに属する利用者にとっても有益であるようにデザインする。

【指針】（a）すべての利用者にいつでもどこでも同じように有益であるように供給する、（b）

どのような利用者も差別したり辱めたりすることがない、（c）すべての利用者のプライバシーや、安心感、安全性を可能な限り同等に確保する。

原則二：利用における柔軟性

幅広い人たちの好みや能力に有効であるようデザインする。

【指針】（a）使用する方法を選択できるよう多様性をもたせて供給する、（b）右利き、左利きでも利用できる、（c）利用者が操作した通り容易に確実な結果が得られる、（d）利用者のペースに応じることができる。

原則三：単純で直感的な利用

理解が容易であり、利用者の経験や、知識、言語力、集中の程度などに依存しないようデザインする。

【指針】（a）不必要な複雑さは取り除く、（b）利用者の期待や直感に一致させる、（c）幅広い読み書きやことばの能力に対応する、（d）情報はその重要性に応じて一貫性があるよう整理する、（e）連続的な操作に対しては、それが効果的に促されるよう工夫する、（f）

仕事が終了するまでの間や終了した後に、タイムリーなフィードバックがある。

原則四：わかりやすい情報

周囲の状況あるいは利用者の感覚能力に関係なく利用者に必要な情報が効果的に伝わるようデザインする。

【指針】（a）必要な情報は絵やことば、触覚などいろいろな方法を使って必要以上と思われるくらい提示する、（b）不可欠な情報と、それ以外の周囲の情報とは十分コントラストをつける、（c）必要な情報はあらゆる感覚形態に応じて出来る限りわかりやすくする、（d）様々な方法を用いて基本要素を区別して伝達する、（e）感覚に制限がある人々が利用するいろいろな技術や装置は共用性があるよう供給する。

原則五：間違いに対する寛大さ

危険な状態や予期あるいは意図しない操作による不都合な結果は、最小限におさえるようデザインする。

【指針】（a）危険や誤操作が最小限となるように要素を配置する、（b）危険や間違いを警告する、（c）フェイル・セーフ（安全性を確保する方法）を提供する、（d）注意の集中が必要な仕事において、意識しないような行動が起こらないように配慮する。

原則六：身体的負担は少なく

能率的で快適であり、そして疲れないようにデザインする。

【指針】（a）利用者に無理のない姿勢を維持させる、（b）操作に要する力は適切にする、（c）反復的な操作は最小限にする、（d）持続的な身体的努力は最小限にする。

原則七：接近や利用に際する大きさと広さ

利用者の体の大きさや、姿勢、移動能力にかかわらず、近寄ったり、手が届いたり、手作業したりすることが出来る適切な大きさと広さを提供する。

【指針】（a）座位、立位など、どのような姿勢の利用者であっても、重要な事柄がはっきり見えるようにする、（b）座位、立位など、どのような姿勢の利用者であっても、すべての構成要素に手が届くようにする、（c）腕や手の大きさに応じて選択できるよう多様性を確保する、（d）支援機器や人的支援が利用出来るよう充分な空間を用意する。

施設・設備・サインの現状のうち七原則に合わないところがあるとすれば、そこが改善を検討すべき部分といえます。

四　読書補助具や機器の整備

見えない・見えにくい状態や読めない・読みにくい状態を補う読書補助具や機器があります。これらを計画的・継続的に整備していくことが大切です。

例えば、リーディングトラッカーがあります。読もうとする行に焦点を絞ることで読みやすさを提供するものです。「視野狭窄《きょうさく》」の状態にある人や「ディスレクシア」の状態にある人などに有効です。市販品もありますが、厚紙などを使って手作りすることも可能です。

また、「弱視」の人だけではなく、「ディスレクシア」の状態にある人でも、拡大鏡や拡大読書器で文字を拡大することによって読みやすくなる人がいます。さらに、書見台があると、リーディングトラッカー（読書補助具）や拡大鏡を使うときに姿勢を崩さずに読書することができます。

このほかにも、図書資料の本文を合成音声で読み上げることができる音声読書器、コミュニケーションツールである筆談ボードやコミュニケーションボード、マルチメディアＤＡＩ

拡大読書器の例

リーディングトラッカーの例

書見台の例

ＳＹ（詳しくは53ページで説明します）などのデジタル資料を利用する際に必要となるタブレット端末などを学校図書館内に整備することにも留意しましょう。

五　アクセシブルな資料の整備

アクセシブルな資料とは、障害者のさまざまなニーズ（第三章を参照）に配慮して作られた資料のことです。アナログ媒体からデジタル媒体まで、いろいろな種類があります。購入して収集できるものはまだ限られていますが、近年は出版社の努力によって、種類・出版点数ともに徐々に増える傾向にあります。収集可能なものを計画的・継続的に整備していきましょう。

整備が進むまでは、近隣の公共図書館から必要に応じて借りて提供することも考慮するとよいでしょう。全国の六割ほどの公共図書館では、「障害者サービス」を行っており、アクセシブルな資料も所蔵しています。

なお、文部科学省が出した「学校図書館ガイドライン」でも、「発達障害を含む障害のある児童生徒や日本語能力に応じた支援を必要とする児童生徒の自立や社会参画に向けた取組を支援する観点から、児童生徒一人一人の教育的ニーズに応じた様々な形態の図書館資料を充実するよう努めることが望ましい。例えば、点字図書、音声図書、拡大文字図書、ＬＬブック、マルチメディアデイジー図書、外国語による図書、読書補助具、拡大読書器、電子図書等の整備も有効である」としています。

（一）点字資料

点字資料は、視覚障害者が指の触覚で読む（触読する）資料で、明治時代から作られています。当初はすべて点訳ボランティアによる手作りでしたが、次第に出版も行われるようになりました。

現在は、「点字図書」はもちろん、「点字新聞」や「点字雑誌」も出版されています。「点字新聞」としては、毎日新聞社が大正時代から発行している『点字毎日』（週刊）がよく知られています。子ども向けの「点字雑誌」としては、小学館の関連団体である一般財団法人日本児童教育振興財団が編集・発行する『テルミ』（隔月刊）があります。

画像提供：一般財団法人日本児童教育振興財団

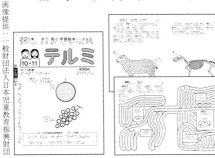

「手で見る学習絵本　テルミ」の例

また、子ども向けには、絵が浮き出ていて、さわって楽しめる「点字つきさわる絵本」が偕成社、こぐま社、福音館書店など、複数の出版社から出版されています。近年、出版点数が増えつつあります。

（二）録音資料

録音資料は、図書資料の文章を音訳者などが音声化して、耳（聴覚）で読む資料です。音声資料ともいいます。視覚障害者はもちろんのこと、「ディスレクシア」の状態にある学習障害者など、見えない・見えにくい状態にある人や、文章や文字情報をそのままでは読めない・読みにくい状態にある人などの読書に欠かせない資料です。長らくカセットテープの形態で作られていましたが、現在ではデジタル録音が主流となっています。デジタル録音は、紙の図書資料のように目次から読みたい章やページに飛ぶことを可能にしたＤＡＩＳＹ（デイジー：Digital Accessible Information System）という国際標準の形式で行うことが一般的です。

市販の子ども向け作品の出版点数はまだ少ないのですが、二〇一五（平成二七）年四月には児童書の出版社も参加する「日本オーディオブック協議会」が設立され、録音資料の一層の普及に取り組んでいます。今後、出版点数の増加が望まれます。

（三）　拡大文字資料

拡大文字資料は、文字のサイズだけではなく、フォントや行間などにも配慮して作られた資料です。「弱視」の人だけでなく、「ディスレクシア」の状態の人など、録音資料同様に読者の幅は広がっています。

当初は拡大訳ボランティアが手作りした「拡大写本」のみでしたが、現在では出版社による「大活字本」出版も増えつつあります。

しかし、見えにくい状態にある高齢者を読者として想定した年配向けの文学作品の出版が多く、子ども向け作品の出版はまだ限られています。子ども向けでは、講談社「青い鳥文庫」シリーズの「大活字本」版である「大きな文字の青い鳥文庫」シリーズが知られています。

通常サイズ「青い鳥文庫」：『若おかみは小学生！―花の湯温泉ストーリー(1)―』
「大きな文字の青い鳥文庫」：『若おかみは小学生！―花の湯温泉ストーリー①―(上)』
どちらも　講談社、令丈ヒロ子／作、亜沙美／絵

「大きな文字の青い鳥文庫」の例

（四）LLブック

LLブックのLLとは、スウェーデン語のLättlästの略で、〝やさしくて読みやすい〟という意味です。本文がやさしく読みやすく書かれ、本文の意味理解を補う絵記号（ピクトグラムなど）を添えるなどの配慮がされています。

LLブックは、知的障害者を主な読者として想定して作られていますが、日本語以外が母語である人にも有効です。日本では、愛育社、樹村房、埼玉福祉会などから出版されています。

なお、筆者（野口）の研究室では、LLブックに関するさまざまな情報を紹介するポータルサイト「ハートフルブック」（https://heartfulbook.jp）を産学連携で運営しています。日本で出版されている主だったLLブック作品などを紹介していますので参考にしてください。

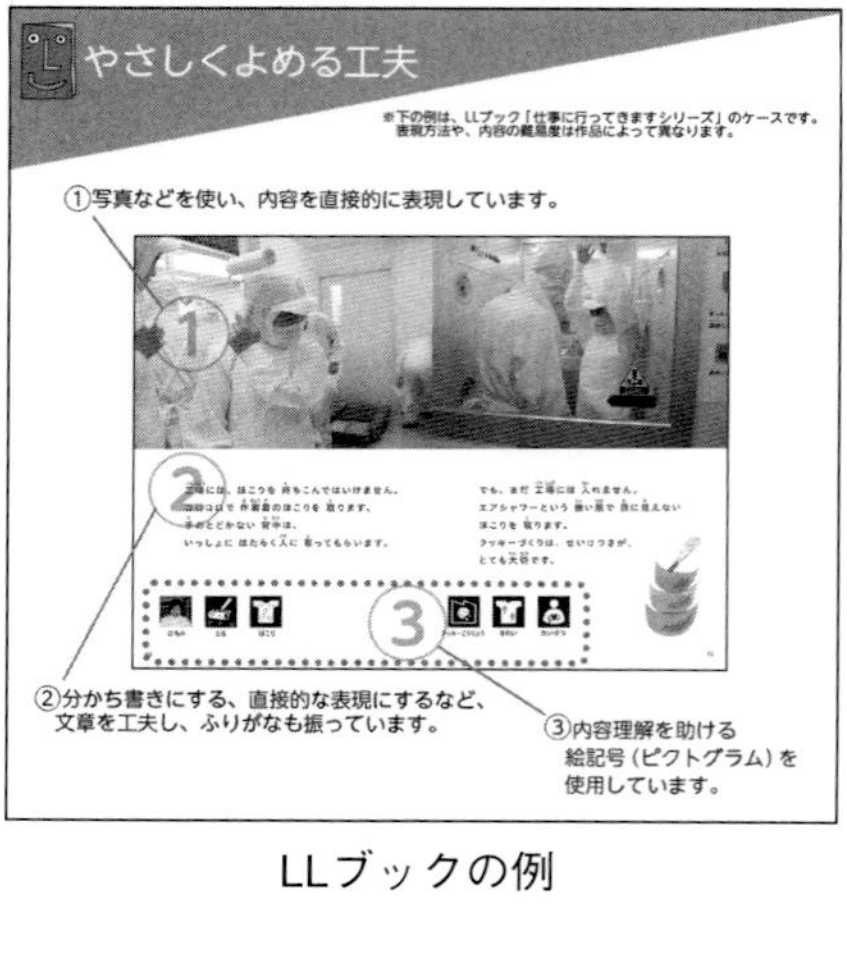

画像提供：社会福祉法人埼玉福祉会

LLブックの例

（五）マルチメディアＤＡＩＳＹ

マルチメディアＤＡＩＳＹは、ＤＡＩＳＹに本文のテキストデータなどを入れて、電子書籍化したものです。パソコンやタブレット端末で利用します。①テキストの音声読み上げ、②読み上げ部分のテキストのハイライト表示、③読み上げ速度の変更、④テキストの拡大、⑤背景色の変更（白黒反転）などが可能で、読者がニーズに応じて自分で調整できます。

マルチメディアＤＡＩＳＹは「ディスレクシア」の状態にある学習障害者、知的障害者などの読書の可能性を高める媒体として、国際的に注目されています。日本では、公益財団法人日本障害者リハビリテーション協会や公益財団法人伊藤忠記念財団から入手できます。伊藤忠記念財団では、希望する学校図書館に対して無償でマルチメディアＤＡＩＳＹを寄贈する「電子図書普及事業」を行っています。

マルチメディアDAISY

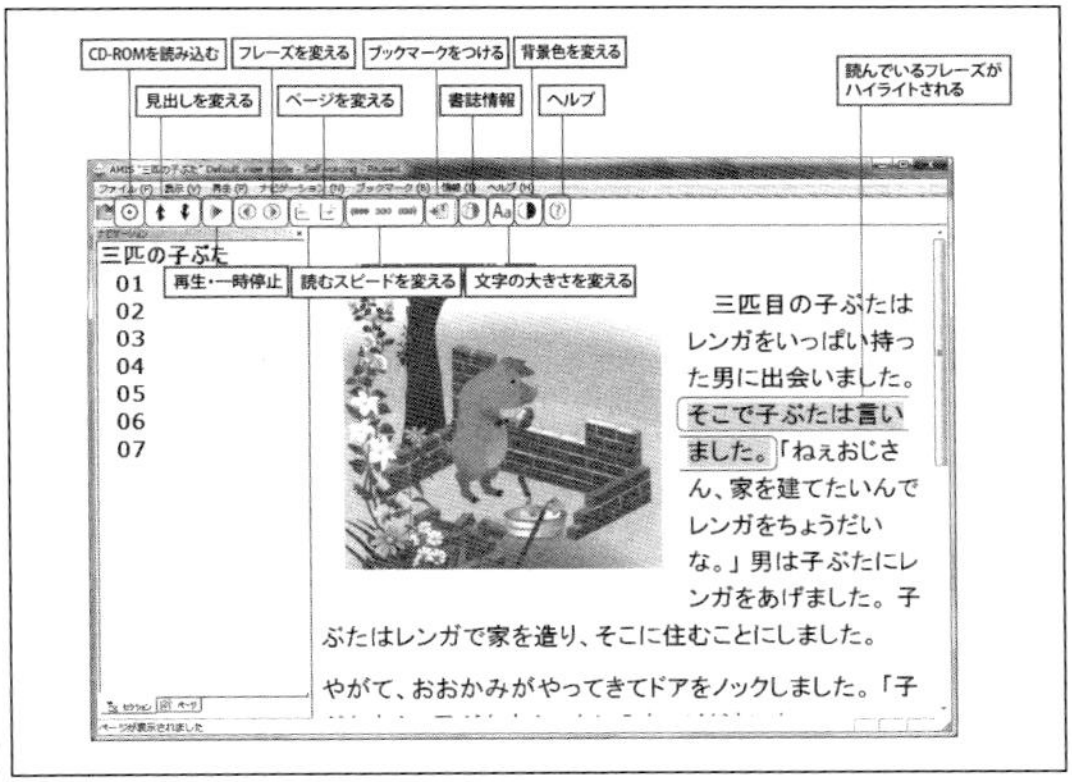

画像提供：公益財団法人日本障害者リハビリテーション協会

（六）手話資料

手話資料としては、主に手話を第一言語とする「ろう」の人を対象として、手話を挿入した絵本（手話つき絵本）や映像資料（ＤＶＤ）などがあります。いずれも、市販されている作品数はごくわずかです。

手話つき絵本としては『わたしだって、できるもん！』（新評論）、『音のない川』（ＢＬ出版）など、映像資料としては志茂田景樹さんの絵本作品を手話で読み語りした『しゅわ絵ほん』（ダブル・ビー）などがあります。

（七）布の絵本

布の絵本は、台布に絵の部分をアップリケするなどして作られた絵本です。赤ちゃんや言語獲得が発達課題となっている知的障害者などに有効な資料です。知的障害者を対象とする特別支援学校では、学校図書館で所蔵しているところも少なくありません。

ほとんどの作品は各地の布の絵本ボランティアが手作りするオリジナル作品ですが、公益財団法人ふきのとう文庫では完成作品を学校図書館などの公的施設向けに販売しています。

六　学校図書館における基礎的環境整備の現状

学校図書館における基礎的環境整備の現状については、小学校、中学校、高等学校の学校図書館を対象とした調査の結果から把握することができます（この調査では特別支援学校は対象となっていません）。公益社団法人全国学校図書館協議会（ＳＬＡ）が二〇一八（平成三〇）年に実施した「二〇一八年度学校図書館調査」の結果を見ると、いずれの校種でも「何もしていない」が最多となっています（56ページ参照）。

基礎的環境整備は、思いつきで一気にできるわけではありません。予算的な裏づけがないと整備できない部分もあるでしょう。「何もしていない」ということがないように、毎年度の「学校図書館経営計画」などに盛り込んで、計画的・継続的に取り組んでいくことが大切です。

学校図書館における基礎的環境整備の状況

	1位	2位	3位	4位
小学校	何もしていない（44.3%）	スロープの設置（26.2%）	研修会の開催（13.3%）	点字図書等の収集（11.8%）
中学校	何もしていない（46.1%）	スロープの設置（18.4%）	点字図書等の収集（12.5%）	研修会の開催（7.2%）
高等学校	何もしていない（47.0%）	スロープの設置（18.0%）	リーディングトラッカーの用意（10.0%）	館内サインの改善（8.0%）

二〇一八年度学校図書館調査（ＳＬＡ）より

学校図書館における基礎的環境整備の現状（上位４つ）
回答校数：小学校271校、中学校152校、高校100校

第五章　学校図書館における合理的配慮の提供

一 アクセシブルな資料の製作

第四章五では、基礎的環境整備として、収集可能なアクセシブルな資料の整備について述べてきました。アクセシブルな資料については、既存のものを収集するだけではなく、障害者一人ひとりのニーズに応じて学校図書館で製作することも可能です。

ニーズに応じたアクセシブルな資料の製作は、合理的配慮の一つといえます。同時に、製作した資料は、学校図書館で所蔵して、同様のニーズがあるほかの障害者にも提供することが可能なので、基礎的環境整備と捉えることもできます。それでは具体的な方法を見ていきましょう。

（一）製作の方法

アクセシブルな資料の製作には、大きく分けて、二つの方法が考えられます。

一つは、学校図書館としてオリジナルな作品を点字や録音、拡大文字などの形態で製作する方法です。オリジナルな作品ですので、学校図書館（または、その担当者）自身が著作者となりますから、「著作権法」の規定を気にせずに製作することができます。

もう一つは、既存の作品を点字や録音、拡大文字などの形態で製作する方法です。ここでいう製作は、厳密には「複製」に該当します。

既存の作品には、その作品の著作者がいるわけですから、本来であれば、複製に際しては著作者に許諾をとることが必要となります。

（二）「著作権法」の規定

ところが、「著作権法」には、学校図書館や公共図書館、大学図書館などであれば、著作者の許諾なく障害者のためにアクセシブルな資料への複製を認める規定（第三十七条）が存在します。

第三十七条第一項では、「公表された著作物は、点字により複製することができる」と規定し、既存の作品を著作者に許諾なく「点字により」複製することを認めています。

また、同条第三項では、「視覚障害その他の障害により視覚による表現の認識が困難な者」のために、既存の作品を著作者に許諾なく「利用するために必要な方式により」複製することを認めています。

少し長くなりますが、規定の全文を紹介します。

第三十七条　3　視覚障害その他の障害により視覚による表現の認識が困難な者（以下この項及び第百二条第四項において「視覚障害者等」という。）の福祉に関する事業を行う者で政令で定めるものは、公表された著作物であつて、視覚によりその表現が認識される方式（視覚及び他の知覚により認識される方式を含む。）により公衆に提供され、又は提示されているもの（当該著作物以外の著作物で、当該著作物において複製されているものその他当該著作物と一体として公衆に提供され、又は提示されているものを含む。以下この項及び同条第四項において「視覚著作物」という。）について、専ら視覚障害者等で当該方式によつては当該視覚著作物を利用することが困難な者の用に供するために必要と認められる限度において、当該視覚著作物に係る文字を音声にすることその他当該視覚障害者等が利用するために必要な方式により、複製し、又は公衆送信を行うことができる。ただし、当該視覚著作物について、著作権者又はその許諾を得た者若しくは第七十九条の出版権の設定を受けた者若しくはその複製許諾若しくは公衆送信許諾を得た者により、当該方式による公衆への提供又は提示が行われている場合は、この限りでない。

この第三十七条第三項の規定は二〇一〇（平成二二）年一月から改正施行（二〇一九年一

月に一部改正施行）されていますが、学校図書館の現場での認知度は残念ながらまだ高くありません。

ところで、第三十七条第三項では、複製だけではなく、公衆送信も無許諾で行えることが規定されています。この規定をいかして運用されているのが「サピエ」と国立国会図書館の「視覚障害者等用データ送信サービス」です。

「サピエ」（https://www.sapie.or.jp）は、日本点字図書館がシステムを管理し、特定非営利活動法人全国視覚障害者情報提供施設協会が運営を行う「視覚障害者情報総合ネットワーク」です。全国の点字図書館（視覚障害者情報提供施設）などが「著作権法」第三十七条にもとづいて複製した点字資料や録音資料などのデジタルデータ二五万タイトル以上が登録されており、ダウンロードして利用することができます。国立国会図書館（https://www.ndl.go.jp）の「視覚障害者等用データ送信サービス」は、国立国会図書館や全国の公共図書館などが「著作権法」第三十七条にもとづいて複製した点字資料や録音資料などのデジタルデータのうち二万タイトル以上をダウンロードして利用することができます。

「サピエ」と「視覚障害者等用データ送信サービス」は、学校図書館も申請して利用することが可能です（「サピエ」は有料です）。利用を検討してみてはいかがでしょうか。

（三）ガイドライン

では、「視覚障害その他の障害により視覚による表現の認識が困難な者」とは、具体的には誰を指すのでしょうか。

公益社団法人日本図書館協会（JLA）、公益社団法人全国学校図書館協議会などの図書館関係五団体は、著作者の関係団体との協議を経て、二〇一〇（平成二二）年二月に「図書館の障害者サービスにおける著作権法第三十七条第三項に基づく著作物の複製等に関するガイドライン」を公表しています。それによりますと、いわゆる視覚障害者だけではなく、知的障害者や学習障害者など、ほとんどの障害者が該当します。

また、前述した者が「利用するために必要な方式」としては、録音や拡大文字のほかにも、テキストデータ、マルチメディアDAISY、リライト、ピクトグラム、布の絵本などが挙げられています。

なお、このガイドラインについては、日本図書館協会のウェブサイト（https://www.jla.or.jp）の「図書館に関する資料・ガイドライン」のページに全文が掲載されていますので、参考にしてください。

（四）残された課題

「著作権法」第三十七条の規定をいかしたアクセシブルな資料への複製は、特別支援学校（中でも、視覚障害者を対象とした特別支援学校）の学校図書館では積極的に取り組んでいるところがあります。しかし、小学校などの学校図書館では、まだこれからといってよいでしょう。

最大のネックは、この作業を誰が担うのかということです。学校図書館の実務担当者（司書教諭、学校司書など）が担うとなると、負担がかかり過ぎてしまいます。すでに取り組んでいる特別支援学校では、点訳、音訳、拡大訳、デジタル化などを担う専門的なボランティアを学校図書館として確保しています。文部科学省の「学校図書館ガイドライン」でも、「特に特別支援学校の学校図書館においては、ボランティアの協力は重要な役割を果たしている」としています。

小学校などの学校図書館でも取り組めるようにするには、こうした人材の確保に向けて、各市町村レベルで学校図書館の実務担当者と教育委員会、公共図書館などが連携して検討を進める必要があります。

二　対面朗読（代読）

学校図書館における合理的配慮の提供は、本章の一で述べたアクセシブルな資料の製作だけではありません。このほかの合理的配慮の例をここから見ていきましょう。

視覚障害者や「ディスレクシア」の状態にある学習障害者などに対しては、録音資料が有効なことはすでに述べました。しかし、録音資料の収集や製作だけでは、今すぐに音声化してほしいというニーズを満たすことはできません。

そこで、対面朗読が必要となります。対面朗読は、一対一で資料の内容を読み上げる実践です。特別支援教育では代読とも呼ばれています。学校図書館の実務担当者（司書教諭、学校司書など）でも対応できます。ただし、負担がかかり過ぎない範囲で対応することを考えると、資料の製作同

対面朗読の例

様に、専門的なボランティア（音訳者）の確保や公共図書館との連携を進めることが望ましいでしょう。

三　出張貸出

学校図書館へのアクセスができない・できにくい状態にある人のために、学級などに出張して貸出を行うことも合理的配慮の一つといえます。こうした実践をアウトリーチと呼んでいます。

特別支援学校では、ブックトラックやブックカートに資料を積んで学級などを巡回して貸出をしているところがあります（「出前図書館」や「移動図書館」などと呼んでいるケースもあります）。小学校などでは、例えば学校司書と図書委員の子どもが一緒に特別支援学級まで出向いて貸し出す（あわせて、読み聞かせをする）などの取り組みが考えられるでしょう。

四　貸出期間の延長や冊数の拡大

障害者の中には、そうでない人よりも読書に時間のかかるケースが少なくありません。そのため、貸出期間の延長や貸出冊数の拡大が必要となる場合もあります。

障害者にだけ延長や拡大という対応をするのは、いわば〝優遇〟であり不公平ではないかと思われる人もいるかもしれません。しかし、そうではありません。「障害者の権利に関する条約」の第五条に定める「障害者の**事実上の平等**を促進し、又は達成するために必要な特別の措置」に該当します。

特別支援学校ならともかく、小学校などの学校図書館では無理と思われる人もいるでしょう。例えば、特別支援学級や通級指導教室の子どもがクラス単位で来館した際や、先ほど述べたような出張貸出の際などに対応を試行してみるのも一案です。あわせて、こうした対応を行うにはルール（「利用のきまり」など）の見直しや変更が必要ないかどうかも確認しましょう。

五　読み聞かせなどの活動での配慮

学校図書館では、読み聞かせやおはなし（ストーリーテリング）などのさまざまな活動や催しが行われます。

例えば、視覚障害者の場合、読み聞かせをしても作品の絵が見えない・見えにくいために、そのままでは楽しみが減じてしまうことがあります。果物が出てくるような作品であれば、実際に果物を用意して形や香りを実感できるようにするなどの工夫が効果的です。

聴覚障害者の場合、話し言葉だけの読み聞かせやおはなしをしても、楽しむことはできません。手話を取り入れるなどの配慮が必要となります。手話によるおはなし会などがその例です。

知的障害者の場合、聴覚障害者と同じく、話し言葉だけでは楽しめない場合もあります。読み聞かせやおはなしをする作品に関連した歌や手遊びなども取り入れて、五感に訴える工夫があるとよいでしょう。

六　その他の配慮

例えば、車椅子の利用者に対して、学校図書館内に段差がある場合に車椅子を持ち上げて移動を補助したり、高い書架に配架されている資料を取って渡したりするなども合理的配慮です。

これらのほかにも、個別に必要となる合理的配慮はたくさんあります。障害者本人や保護者からの意思の表明（配慮へのニーズの表明）があった場合はもちろんのこと、意思の表明はなくとも配慮の必要に気づいたときに、負担がかかり過ぎない範囲で、いつでも対応できるように心がけたいものです。

七　合理的配慮に関するガイドラインとチェックリスト

前章と本章で述べてきた合理的配慮とその的確な提供に向けての基礎的環境整備については、公益社団法人日本図書館協会によって図書館の現場向けにガイドラインとチェックリストが作られています。学校図書館に特化したものではありませんが、実践の際に参考になりますので、最後に紹介したいと思います。

（一）ガイドライン

ガイドラインは、正式には「図書館における障害を理由とする差別の解消の推進に関するガイドライン」といいます。日本図書館協会が、二〇一六（平成二八）年三月に作成、公表したものです。このガイドラインは、地域の公共図書館をベースとして作成されてはいますが、学校図書館でもいかせる内容とするために筆者（野口）や学校司書も作成に関わりました。

このガイドラインは、「合理的配慮の提供が義務付けられている公立図書館だけでなく、努力義務とされている私立図書館等を含むすべての図書館が取り組むべき具体的内容を示すもの」です。「1 基本事項」「2 障害を理由とする差別と図書館に求められる対応」「3 不当な差別的取扱いの禁止」「4 合理的配慮」「5 基礎的環境整備」「6 ガイドライン実施のために必要なこと」の六つの章から構成されていて、末尾には「用語解説」と「参考資料」もついています。

ガイドラインの全文は、日本図書館協会のウェブサイト（https://www.jla.or.jp）の「図書館に関する資料・ガイドライン」のページに掲載されていますので、参考にしてください。

（二）チェックリスト

チェックリストは、正式には「JLA障害者差別解消法ガイドラインを活用した図書館サービスのチェックリスト」といいます。日本図書館協会障害者サービス委員会が二〇一六（平成二八）年一一月に作成、公表したものです。「図書館における障害を理由とする差別の解消の推進に関するガイドライン」に照らしたときに、今の時点で、学校図書館として合理的配慮とその的確な提供に向けての基礎的環境整備がどの程度できていて、どのような点がこれから取り組むべき課題なのかを確認できます。このチェックリストも、日本図書館協会のウェブサイトにある「障害者サービス委員会」のページに全文が掲載されていますので、ご活用ください。

このチェックリストは、「1 運営方針、サービス計画」「2 合理的配慮の提供」「3 サービスの実施」「4 担当職員、研修」「5 障害者サービス用資料」「6 施設、設備、読書支援機器等」「7 広報・ホームページ等」「8 開催行事」の八カテゴリーから構成されています。各カテゴリーの中に、さらに複数の項目が設定されています。各項目は、◯（=できている）か、×（=これからの課題）で回答できるようになっています。◯が増えるように、計画的・継続的に取り組みを進めていきましょう。

第六章　「読書バリアフリー法」の時代をむかえて

一 「マラケシュ条約」の発効

二〇一九（平成三一）年一月、「マラケシュ条約」が国内発効となりました。正式には、「盲人、視覚障害者その他の印刷物の判読に障害のある者が発行された著作物を利用する機会を促進するためのマラケシュ条約」といいます。

この条約が発効したことで、この条約を締結する各国の「著作権法」の権利制限規定（日本では第三十七条の規定）によって複製されたアクセシブルな資料を、各国の「権限を与えられた機関」（AE＝Authorized Entity）を通して、国境を越えて交換できるようになりました。日本においては、「著作権法施行令」第二条第一項各号に規定する視覚障害者等のための複製等が認められる者がAEに該当することになります。ここには、学校図書館も含まれています。この条約の発効によって、他言語のアクセシブルな資料の入手可能性が大きく向上することになりました。

しかし、学校図書館などの各AEが、アクセシブルな資料の国境を越える交換を個別に行うのは非効率ですし、あまり現実的ではありません。そこで、国境を越える交換を円滑かつ確実に実施するための国内外の窓口に相当する役割を担う機関が必要となります。日本では、その役割を、当面、国立国会図書館と全国視覚障害者情報提供施設協会が担うことになっています。

二　「読書バリアフリー法」の制定

前述の「マラケシュ条約」の締結、発効も背景となって、二〇一九（令和元）年六月、「視覚障害者等の読書環境の整備の推進に関する法律」（以下、「読書バリアフリー法」）が制定されました。この法律は、「視覚障害者等の読書環境の整備の推進に関し、基本理念を定め、並びに、国及び地方公共団体の責務を明らかにするとともに、基本計画の策定その他の視覚障害者等の読書環境の整備の推進に関する施策の基本となる事項を定めること等により、視覚障害者等の読書環境の整備を総合的かつ計画的に推進し、もって障害の有無にかかわらず全ての国民が等しく読書を通じて文字・活字文化の恵沢を享受することができる社会の実現に寄与すること」を目的としています。

なお、この法律にいう「視覚障害者等」とは、「視覚障害、発達障害、肢体不自由その他の障害により、書籍（雑誌、新聞その他の刊行物を含む。以下同じ。）について、視覚による表現の認識が困難な者をいう」としています（第二条第一項）。本書の第五章一で紹介した「著作権法」第三十七条第三項に規定する対象者と同じです。

「読書バリアフリー法」を制定しようとする動きは、「国民読書年」だった二〇一〇（平成二二）年ごろにもありました。二〇一八（平成三〇）年四月に、国会議員による超党派の「障害児者の情報コミュニケーション推進に関する議員連盟」（以下、議連）が設立されたことで、大きく前進することになりました。同じ年の一二月には、議連の総会において「読書バリアフリー法」の骨子案が承認され、二〇一九（平成三一／令和元）年春の通常国会に上程されることになりました。

三 「読書バリアフリー法」の内容

「読書バリアフリー法」の主だった内容を簡潔に紹介します。

まず、基本理念（第三条）としては、次の三点を挙げています。

① 情報通信その他の分野における先端的な技術等を活用した視覚障害者等が利用しやすい電子書籍等の普及が図られるとともに、視覚障害者等の需要を踏まえ、引き続き、視覚障害者等が利用しやすい書籍が提供されること。

② 視覚障害者等が利用しやすい書籍及び視覚障害者等が利用しやすい電子書籍等の量的拡充及び質の向上が図られること。

③　視覚障害者等の障害の種類及び程度に応じた配慮がなされること。

これらの基本理念にのっとり、国は、「視覚障害者等の読書環境の整備の推進に関する施策を総合的に策定し、及び実施する責務を有する」（第四条）としていて、あわせて、「視覚障害者等の読書環境の整備の推進に関する施策を実施するため必要な財政上の措置その他の措置を講じなければならない」（第六条）としています。なお、地方公共団体についても、「国との連携を図りつつ、その地域の実情を踏まえ、視覚障害者等の読書環境の整備の推進に関する施策を策定し、及び実施する責務を有する」（第五条）と規定しています。

次に、「読書バリアフリー法」が挙げる基本的施策としては、次の九点になります。

①　視覚障害者等による図書館の利用に係る体制の整備等（第九条）
②　インターネットを利用したサービスの提供体制の強化（第十条）
③　視覚障害者等が利用しやすい書籍等の製作の支援（第十一条）
④　視覚障害者等が利用しやすい電子書籍等の販売等の促進等（第十二条）
⑤　外国からの視覚障害者等が利用しやすい電子書籍等の入手のための環境の整備（第十三条）
⑥　端末機器等及びこれに関する情報の入手の支援（第十四条）
⑦　情報通信技術の習得支援（第十五条）

⑧　研究開発の推進等（第十六条）
⑨　人材の育成等（第十七条）

これらの基本的施策は、いずれも学校図書館に関係しています。例えば、①視覚障害者等による図書館の利用に係る体制の整備等では、「国及び地方公共団体は、公立図書館、大学及び高等専門学校の附属図書館並びに学校図書館（略）並びに国立国会図書館について、各々の果たすべき役割に応じ、点字図書館とも連携して、視覚障害者等が利用しやすい書籍等の充実、視覚障害者等が利用しやすい書籍等の円滑な利用のための支援の充実その他の視覚障害者等によるこれらの図書館の利用に係る体制の整備が行われるよう、必要な施策を講ずるものとする」と規定しています（第九条第一項）。

また、⑦情報通信技術の習得支援については、議連が承認したこの法律の骨子案による説明では、特別支援学校等における情報機器を適切に活用した学習活動の充実などを具体的な施策として挙げています。さらに、⑨人材の育成等については、同じく骨子案の説明では、具体的な施策として「学校司書のモデルカリキュラムに視覚障害者等への対応に関する項目を追加」や「司書教諭養成講習の講習項目に視覚障害者等への対応に関する項目を追加」などが想定されています。

四　「読書バリアフリー法」をいかすために

「読書バリアフリー法」の制定は、本書の第五章までに述べてきた合理的配慮の提供、そのための基礎的環境整備の推進をバックアップする法律と考えてよいでしょう。今後、国は、「視覚障害者等の読書環境の整備の推進に関する基本的な計画」を策定することになっています（第七条）。地方公共団体も「視覚障害者等の読書環境の整備の推進に関する計画」の策定に努めるとされています（第八条）。本書が発行された時点では、法律そのものが制定されて間もないので、国の定める基本的な計画や地方公共団体の施策はまだ明らかになっていません。学校図書館に関しては、どのような施策が盛り込まれるのか、ぜひ注視しましょう。

あわせて、学校図書館の実務担当者（司書教諭、学校司書など）は、この「読書バリアフリー法」の制定を合理的配慮とその的確な提供に向けての基礎的環境整備のさらなる推進の好機ととらえて、館長である校長とも協力して、必要な予算の要求などにつなげていくことが大切です。新しい法律の制定というまたとないタイミングを逃さずに、ぜひいかしていきましょう。

ここまでの第一部では、学校図書館の近年の動向を整理しつつ、合理的配慮とその的確な提供に向けての基礎的環境整備の考え方と主だった内容、今後の展望などを述べてきました。続いての第二部の実践編では、第一部で述べてきた内容を鳥取大学附属特別支援学校の実践を通して具体的に見ていきたいと思います。

第二部　実践編：鳥取大学附属特別支援学校の挑戦

第一章　知的障害のある子どもたちと読書

一　知的障害特別支援学校の学校図書館

本校の実践を紹介する前に、知的障害特別支援学校の学校図書館の現状について少し触れておきたいと思います。

本書「はじめに」の部分で、学校司書の配置率や平均蔵書冊数など、特別支援学校の図書館環境の厳しい現状についてご紹介しましたが、中でも知的障害特別支援学校の図書館の現状はさらに厳しく、本来一〇〇％でなければならない学校図書館の設置率は、特別支援学校全体では八七・六％ですが、知的障害特別支援学校では七九・九％と障害種別に見ると最も割合が低くなっています。また、学校図書館を設置している特別支援学校でも「パソコン室」や「視聴覚室」「会議室」などとの兼用が多く、兼用率も知的障害特別支援学校が最も高いという結果が出ています（二〇一三年の全国学校図書館協議会調査）。データを見ただけでも学校図書館がない、またはほかの部屋との兼用で、蔵書冊数も少なく、学校司書もいない知的障害特別支援学校の学校図書館の実態がうかがえます。

そこには、知的障害があると文字を読めなかったり、内容を理解することが難しかったりすることから、知的障害教育の中で、読書や学校図書館を活用した学習は難しいという認識があるように思われます。また、従来から知的障害教育の中でも絵本を活用した実践はたくさんなされてきているものの、それが学校図書館の活用と結びついていないことも一因と考えられます。いずれにしても知的障害特別支援学校で、学校図書館をどのように教育課程に位置づけ、活用していくのかといった実践が、これまでなかなか積み上がってきていないという現状があります。

二　知的障害がある子どもたちにも読書の楽しさや学校図書館の利活用を！

では、本当に知的障害教育の中で、読書や学校図書館を活用した学習は難しく、その必要性はないのでしょうか。

二〇一八（平成三〇）年に告示された「特別支援学校学習指導要領」の総則では、「学校図書館を計画的に利用しその機能の活用を図り、児童又は生徒の主体的・対話的で深い学びの実現に向けた授業改善に生かすとともに、児童又は生徒の自主的、自発的な学習活動や読書活動を充実すること」と明示されており、小学校や中学校、高等学校と同じく知的障害特別支援学校においても何ら変わることはありません。

鳥取大学附属特別支援学校は、児童生徒数五四名、教職員数三一名、学級数は、小学部二学級、中学部三学級、高等部本科三学級、高等部専攻科一学級、合計九学級の知的障害特別支援学校です（二〇一九年四月末現在）。

本校では、校舎改修に伴い、二〇一三（平成二五）年に学校図書館がリニューアルしました。また、司書教諭は担任などとの兼務ですが発令されており、学校司書も非常勤ですが雇用されています。財政的にも人的な体制においても厳しい部分があり、その中での精いっぱいの実践ですが、このような知的障害特別支援学校図書館の現状がある中で、少しでも実践を積み重ねていかなければ図書館整備は進まないとの思いから、実践に取り組んできました。

知的障害がある子どもたちが読書の楽しさを味わい、学校図書館を活用してさまざまな情報を得ることができるために、学校図書館がどのように機能し、どのような支援を行っていけばよいのか、特に障害や発達段階などの個々の実態を把握し、ニーズに応じた支援を行うことに重点を置きながら取り組みました。

今回紹介する実践は、「第四七回学校図書館賞（実践の部）」（主催：全国学校図書館協議会）を受賞した約八年間の取り組みの一部です。どこにもモデルがない中で、主に司書教諭と学校司書が協働で試行錯誤しながら行ってきたつたない実践ですが、今後、知的障害のある子どもたちはもちろん、読書や学校図書館の利活用に特別な支援を要する子どもたちのための図書館整備や実践が広がっていくことを願いつつ、ご紹介していきたいと思います。

三　知的障害のある子どもたちと読書のニーズ

ひと口に知的障害といってもその状態は多様です。特別支援学校学習指導要領解説では、知的障害について、「知的機能の発達に明らかな遅れと、適応行動の困難性を伴う状態が、発達期に起こるものを言う」と書かれています。この適応行動の困難性として、例えば読書に関係の深い部分では、言語理解や読字といった概念的スキルの困難性が挙げられます。第一部の理論編でいうと、主に第三章の六（36ページ参照）「わからない・わかりにくい状態とそのニーズ」に当たります。文字が読めないだけでなく、活字で書かれている内容を理解することが難しい状態と捉えることができます。

本校でも、「文字が読めない」「ひらがなは読めるが、漢字は苦手」「文字は読めるけれども文章の意味がわからない」「短く簡単に書かれている文章なら理解できるが、長い文章になると理解できない」「読み聞かせ（音声のみ）だけでは理解できない」「黙読ができない」など、個によって読書における困難さは多様です。また知的障害のほかに、自閉症スペクトラム障害や注意欠如／多動性障害などの障害をあわせ持つ子どももいて、「集中して活字を目で追うことができない」「特定の分野に興味・関心やこだわりがある」などの実態もあり、個々の実態をきちんと把握して、ニーズに応じた「わかりやすさ」の提供や障害の特性に応じた配慮や支援を行っていくことが必要です。

本校では、六歳（小学部）～二〇歳（専攻科）までの子どもたちが学んでおり、発達的に同じような段階にあっても、学部や学年が上がるにつれて、生活年齢に合った内容の資料が必要になります。

例えば、中学部や高等部になると、発達的に五歳ごろの段階にあるからといって、五歳の子どもが楽しむような本を好むかというと決してそうではありません。これまでの生活経験の積み重ねは、五歳の子どもよりはるかに豊かなものです。社会のさまざまな事象について、もっと知りたいと思うようになったり、アイドルやアニメ、恋愛、ファッションなどの本や雑誌に興味を示すようになったりします。これは、思春期、青年期にある中学部や高等部の子どもたちにとって大切な読書ニーズで、この時期の生活年齢に合った内容がわかりやすく書かれている資料が少ないことは、知的障害特別支援学校の図書館にとって大きな課題の一つです。

第二章　学校図書館ビフォーアフター

一　校舎改修前の学校図書館

二〇一〇（平成二二）年、私（児島）が赴任してきた当初、学校図書館は二階にあり、蔵書冊数は約二〇〇〇冊足らず。資料は昭和五〇年代のものも残っていて、廃棄作業や分類作業もできていませんでした。当然、学校図書館に「人（学校司書）」は誰もいないという状況でした。

そこで週六時間という条件で、司書教諭の資格を持っている方（以下、学校司書）にお願いして、昼休憩の時間に毎日約一時間ずつ、学校図書館で子どもたちへの本の貸出の対応をしてもらうことにしました。

二年目には、高等部の校内作業実習や職員作業、さらには図書館ボランティアの協力を得て、たくさんの古い本を廃棄し、日本十進分類法で資料を分類

校舎改修前の学校図書館

しました。ずっと使われていない資料も多く、作業が終わると手が真っ黒という状況でした。また、学校図書館の環境整備やカウンター業務の時間として、学校司書の時間数を週六時間から週一二時間に増やしてもらうことができました。わずかな時間ですが、学校図書館に学校司書がいることで、少なかった貸出冊数がぐっと伸びていきました。

三年目の二〇一二（平成二四）年、そんな中で持ち上がったのが校舎改修の話です。この年、学校司書（入川）が着任。この校舎改修を千載一遇の機会と捉え、司書教諭と学校司書の二人で、どこに何を置くか学校図書館の図面を考えたり、大学に要望を出したりして、設計段階から関わっていきました。その際、新しく購入する書架や、後で紹介するワーキングルームなど、子どもたちの障害や生活年齢などに配慮しながら進めていきました。学校図書館備品は値段が高いので、大学や管理職の理解を得ることは必須です。実は、学校図書館が校舎改修により二階から一階に下りたのは、大学側の提案でした。

全国的に特別支援学校の建物の老朽化が進んでおり、また、特に知的障害特別支援学校では、児童生徒数の増加により、空き教室がない状況があり、新築や改修を行う学校が増えています。

第一部でもあったように「読書バリアフリー法」が制定され、学校図書館にとっても追い風の中、学校図書館長である校長や司書教諭、学校司書などの学校図書館に関わる人が、校舎の新築や改修を図書館整備の絶好の機会と捉え、ぜひ設計の段階から携わってほしいと強く感じています。

二　学校図書館のリニューアルオープン！

二〇一三（平成二五）年一二月、校舎改修に伴い、学校図書館も木の温もりが感じられる明るく素敵な図書館へとリニューアルしました。

面積は七〇㎡で、改修前の一・五倍の広さになりました。外観も大きく変化し、入り口は前側と中央の二か所にあります。入り口のドアの上下には丸窓が二つあり、館内に新しくできた司書室の窓とおそろいのかわいらしいデザインになっています。廊下側からも、司書室からも、館内を一目で見渡すことができます。

大きな丸窓からは館内の様子が見えます

司書室と館内は相互に見渡せるように

図書館内は、低書架で区切って、大きく二つのスペースに分かれるようにレイアウトしました。一つは主に「読書スペース」、そしてもう一つは「学習スペース」です。

また、ＡＶブースやパソコンを備えた「ワーキングルーム」も併設しています。

通路は広く、机は大きなものを採用

椅子もさまざまな種類を用意しました

鳥取大学附属特別支援学校図書館

【蔵書資料】（2019年４月末現在）

・図書　4,441冊　・紙芝居　129冊

・大型絵本　15冊　・パネルシアターなど　24冊

・雑誌　180冊　・新聞購読　１紙

【設備・情報機器など】

・パソコン　３台

（管理用１台、検索用１台、プロジェクター用１台）

・プリンター　１台　・プロジェクター　１台

ワーキングルーム

【設備・情報機器・蔵書メディア】

・AVブース、パソコン　４台

・タブレット端末　１台（ＤＡＩＳＹ用）

・書見台　２台

・マルチメディアＤＡＩＳＹ図書　561本（517タイトル）

・CD　７本　・DVD　85本

鳥取大学附属特別支援学校　学校図書館　館内図

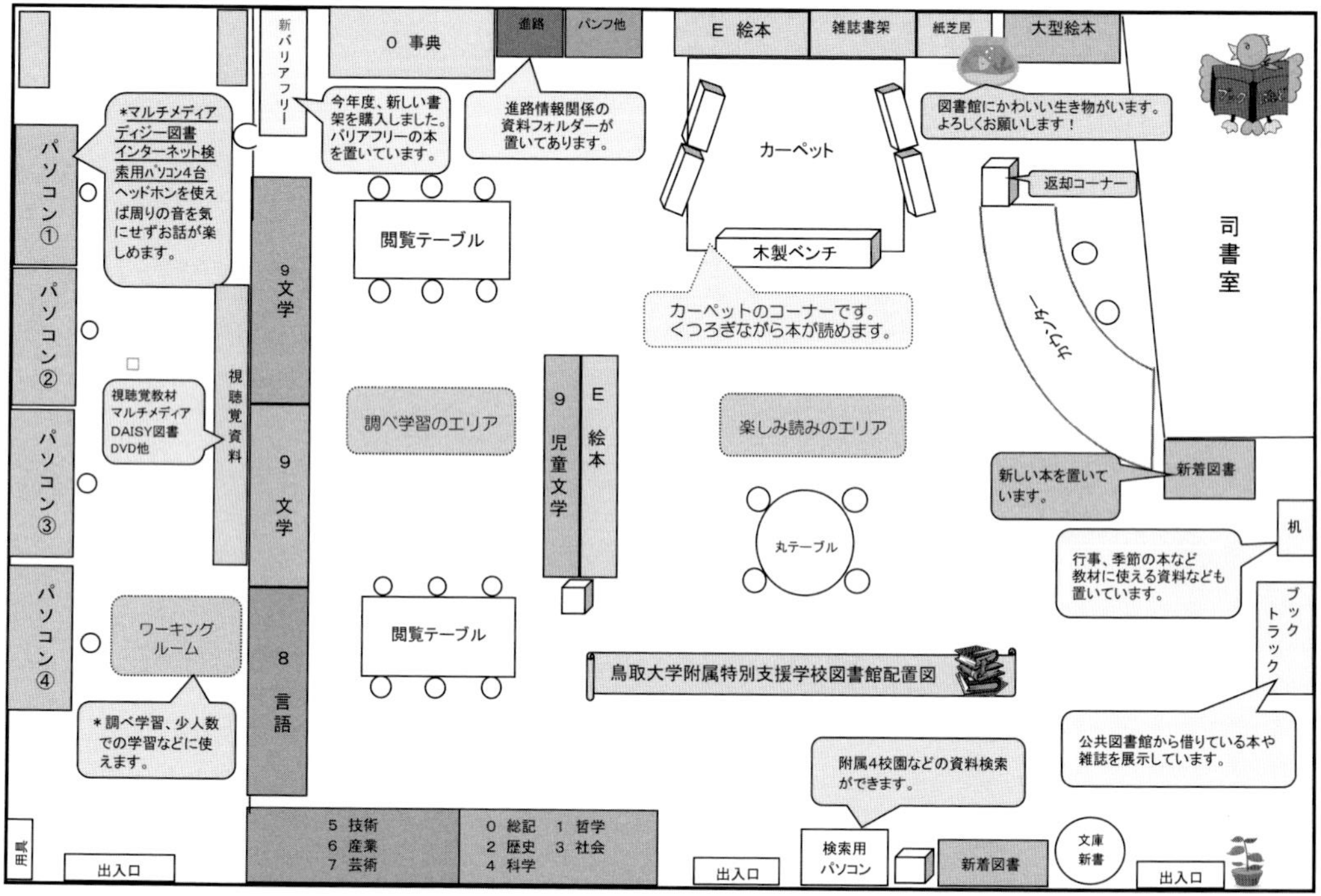

第三章　障害特性や発達段階に応じた環境整備（施設・設備・資料）

この章では、本校の子どもたちの読書の実態やニーズに応じて行った環境整備について紹介します。知的障害の子どもたちにわかりやすく、使いやすい図書館にするための施設や設備の工夫について説明していきます。

一　アクセスのよさは抜群

本校の学校図書館は、校舎改修を行うまでは二階にありましたが、リニューアルに伴い、一階の児童生徒玄関を入ってすぐ右の、子どもたちがアクセスしやすい場所に移動しました。どの学部からも行きやすく、昼休憩や登校後、下校前など、子どもたちがいつでも気軽に来館できるようになりました。

また、職員室もすぐ近くにあるため、教職員も授業づくりのための資料探しや相談に気軽に立ち寄ることができ、レファレンスも増えています。

学校図書館のすべての利用者が、気軽にアクセスできる位置に学校図書館があることは、大事な基礎的環境整備の一つです。

二　障害に配慮した「ワーキングルーム」を併設

学校図書館にはワーキングルームが併設されており（92ページ参照）、ＡＶブースとパソコンを四台ずつ設置しています。

そして、マルチメディアＤＡＩＳＹ（53ページ参照）を整備し、文字が読めない、または拾い読みの段階で、活字だけでは読書を楽しむことが難しい子どもたちのための読書スペースとして活用しています。

また、ＤＶＤなどの視聴ができる余暇スペース、インターネットを活用して調べ学習ができる学習スペース、個別の空間で落ち着いて読書をしたい子どもたちのためのスペースとしても活用しています。

学校図書館に併設されたワーキングルーム

三　プロジェクター&大型スクリーンの設置

校舎改修時に要望して、館内の学習スペースに天井つり下げ型のプロジェクターと大型スクリーンを設置しました。カーテンは遮光カーテンにし、館内でDVD鑑賞やマルチメディアDAISYの視聴ができるようにしました。

館内を暗くして、プロジェクターや実物投影機で、映像を大型スクリーンに大きく映し出すことで、集中し続けることが難しい子どもたちがスクリーンの画面を集中して見る様子が見られます。

また、視覚的な支援が有効な子どもが多いため、学校図書館で学習するときに、パワーポイント資料を提示したり、インターネットに接続して調べ学習を行ったりして、全員でスクリーンを見ながら学習ができるので、大変便利でよく活用されています。

マルチメディアDAISYの視聴

四　わかりやすい分類表示

本校では、知的障害がある子どもたちにもわかりやすいように資料の分類と表示を行っています。基本的には将来の公共図書館活用につなげるために、日本十進分類法で分類しています。子どもたちが資料にアクセスしやすいよう、第1次区分の1けたの数字とイラストを表示するようにしました。漢字にはふりがなをふっています。また、なるべくわかりやすい言葉で、「おりがみ」「おべんとう」「スポーツ」など、カテゴリー別にイラスト入りの見出しをつけました。

年度初めには、司書教諭と学校司書が、図書館オリエンテーションを行い、どこにどんな資料があるか、分類をおおまかに説明しています。継続して、繰り返し行うことで、子どもたちが、自分の探したい資料を分類番号や見出しを見ながら少しずつ探せるようになってきています。

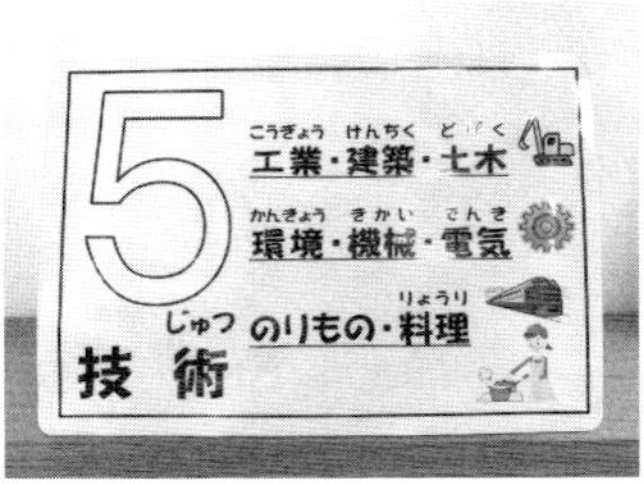

表示はわかりやすく、イラストを入れて

五　わかりやすい貸出・返却方法

本校図書館では、個人の図書館利用カードを作成しています。リューアルと同時に、図書館システムを導入し、バーコードによる貸出・返却を行っています。

バーコードでの貸出・返却は簡単でわかりやすく、子どもたちに教えるとすぐに操作できるようになりました。図書委員会（小学部・中学部・高学部）の子どもたちも週に二回、昼休憩の時間に当番を決めて、貸出を行っています。返却は、学校司書や図書委員会がいないときには、返却コーナーに返すようにしています。

バーコードによる貸出に切り替わって、数年間たち、すっかり子どもたちに定着していま す。今では、バーコードのはってある面を上にして、本を差し出してくれる心づかいも見られるようになりました。

年度初めのオリエンテーションでは、子どもたちに貸出や返却方法について話をしてから、一人ひとりに利用カードを手渡します。カードを受け取るとすぐ、うれしそうに本を借りにやってくる姿が見られ、将来の公共図書館の利用につながる活動だと感じています。

六　居心地のよい、親しみの持てる図書館環境

主に小学部の子どもたちがリラックスして本を読むことができるように、読書スペースの窓下の明るい場所に、カーペット敷きのコーナーを設けました。中央には丸テーブルを置いて、すごろくや簡単な魚釣りゲームなどを置き、小さな椅子も並べています。カーペットに座って本を読んだり、ゲームをしたりしてゆっくりと時間を過ごす姿が見られます。小学部の子どもたちには、この場所で、パネルシアターや手遊びもし

図書館が親しみのある場所だと自然と来館者数も増えていきます

ています。

また、子どもが捕ってきた川魚を、水槽に入れて飼育しています。「魚の名前はなに?」「えさをあげてもいい?」などと、生き物が好きな子どもが、魚の様子を見にやってきます。ほかにも植物を置いたりするなど、図書館に親しみが持て、ホッとできる居心地のいい場所となるように心がけています。

子どもたちの幅広い生活年齢や興味・関心に応じた環境整備や工夫も必要です。

七　見てわかりやすい展示の工夫

館内に入ってすぐに目につく場所に、「新着図書」や「テーマ展示」「雑誌」のコーナーを設置し、旬のテーマの本などを平置きにして展示し、子どもたちがすぐに本を手に取って、見ることができるように工夫しています。

知的障害がある子どもたちにとって、多くの本の中から背表紙の題名を見て、自分の読みたい本を選ぶことは難しく、表紙の絵は選ぶときの重要なヒントになります。そのため、平置きして展示することは重要です。

新しい本を展示すると、すぐに借りにくる子どもがたくさんいます。季節の本や雑誌のコーナーは、いつも人気です。特に中学部や高等部の生徒からは、アニメやアイドル、車、歌などの雑誌のリクエストや予約が数多くあります。自館の蔵書が少ないため、対応できないのが現状ですが、そういう場合は、鳥取県内の公共図書館などから借りて手渡すこともあります。

テーマ展示の設置

八　バリアフリーコーナーの設置とわかりやすい資料の充実・整備

学習スペースの一角には「バリアフリーコーナー」を設けていて、アクセシブルな資料を積極的に収集するように努めています。

LLブック（52ページ参照）や布絵本、手話の本、触る絵本、音の出る絵本などのバリアフリー資料を購入して展示しています。バリアフリー資料は、読んで、見て、触って、誰でも楽しめる資料です。

バリアフリー資料をまとめて配架

その中でもLLブックは文字が少なく、写真や絵を見てストーリーがわかるので、子どもたちは大好きです。友達同士で、一緒に本を見て、想像しながら楽しんでいる様子が見られます。

また、既存の資料の中にも、難しい内容がわかりやすく書かれているものがあり、本校の子どもたちの実態に合わせて購入するようにしています。

例えば、子どもの年齢に関係なく読むことのできる『読売ＫＯＤＯＭＯ新聞』を購入しています。この新聞は、すべての漢字にふりがなふってあることに加え、一週間分のいろいろな分野のニュースを子どもにわかりやすいようにまとめてあり、さらにカラー刷りで写真も多く掲載されているので学習にもよく活用されています。

また、パネルシアターやブラックシアターも、主に小学部の子どもたちが、楽しくおはなしに親しむためのアイテムです。歌や手遊びを交えながらボードに絵人形を貼っていくと、とても集中して楽しそうに見てくれます。

本校の蔵書は、四四〇〇冊ほど（図書のみ）で、子どもたち一人ひとりのニーズに合った資料をそろえることは難しいのが現状です。予算の少ない中、どのようにして資料を増やしていくかが大きな課題ですが、予算内で購入する資料の優先順位を大体決めています。目安として①使用頻度　②子どもたちにわかりやすい資料か　③必要でありながら購入できていない資料　④学校図書館にふさわしいか　などです。子どもや教職員からリクエストがあったものは大体購入するようにしています。資料のほか、理論編の第四章の四で紹介されているリーディングトラッカー（読書補助具）をカウンター上に置き、誰でも使えるようにしています。

九　視聴覚ライブラリーの充実と整備

本章の二で紹介したワーキングルームには、マルチメディアＤＡＩＳＹ（以下、ＤＡＩＳＹ）やＤＶＤなどの視聴覚資料・電子図書を整備し、視聴覚ライブラリーのコーナーを作っています。

ＡＶ書架には、ＤＡＩＳＹとＤＶＤを配架して、自分の視聴したい作品を選べるようにしています。理論編でも紹介がありましたが、ＤＡＩＳＹは、音声で読まれている部分がハイライトされるので、今どの部分を読んでいるのか文字を目で追いながら読むことができます。さらに文字の大きさや色、音声スピードなどを子どもの好みや実態に応じて変えることができるので、担任が個の実態に応じてカスタマイズしたり、中学部・高等部になると、慣れてきて、自分で調整したりできるようになってきます。ＤＡＩＳＹは、日本リハビリテーション協会から購入したものと、公益財団法人伊藤忠記念財団から毎年寄贈される「わいわい文庫」の整備をしています。「わいわい文庫」は、一枚のＣＤに複数の図書が収録されているため、子どもたちが読みたい本を選ぶことができませんでした。そこで収録されている図書を、すべて分割して一枚ずつＣＤに収録しました（次ページ参照）。そして、ケースに表紙をつけて、わかりやすいように絵本、物語、その他に分けて分類し、五十音順に並べて展示しました。そうすることで、子どもたちが表紙の絵やタイトルを参考にして、読みたい本を選べるようになりました。また、表紙の絵やタイトル名だけでは、内容がわからず、本を選べない子どももいるため、実際の絵本も一緒に展示するようにしました。絵本を見てＤＡＩＳＹを選んだり、ＤＡＩＳＹを視聴した後で、同じ絵本を借りたりする子どももいます。こちら側から、年齢や発達段階に応じたＤＡＩＳＹを薦めることもあります。

ＤＡＩＳＹを視聴するためのパソコン横には、ＤＡＩＳＹの扱い方や、パソコンの立ち上げ方などを表示した手順書を作成して置いています。ただ、最初のうちは、一人で手順書を見て読書できる子どもは少なく、慣れるまでは教師の支援が必要です。現在は小学部の低学年の子どもを除いて、ほとんど自分で操作できるようになってきました。

作品ごとに１枚ずつに分けて

五十音順に並べました

実際の本も一緒に展示

一〇　タブレット端末で、どこでもＤＡＩＳＹが楽しめる環境に！

二〇一四（平成二六）年に四三台のタブレット端末が導入され、子どもたち一人一台タブレット端末を使える環境が整いました。

そこで、情報教育主任と連携して、学校図書館の検索専用のデスクトップパソコンに、ＤＡＩＳＹの専用フォルダを作成しました。そのフォルダにＤＡＩＳＹの圧縮したデータを保存して、タブレット端末と接続してデータを転送し、学校図書館以外の場所でも手軽にタブレット端末でＤＡＩＳＹを楽しめる環境を整えました。

そして、そのデータにアクセスしやすいよう、パソコン画面にショートカットを作成し、また、共有サーバ上に「ＤＡＩＳＹデータベースサイト」を構築して、子どもたちや教職員に、どのようなＤＡＩＳＹが保存されているかを、実際に使われている表紙の絵が見えるようにして、視覚的にわかりやすいように提示しました。さらに表紙やタイトル、再生時間が書かれたものを、見やすいパンフレット形態にしてパソコン横に置くようにしました。そうすることで、子どもが読みたいＤＡＩＳＹを選びやすくしています。

学校図書館と情報教育が連携し、環境を整備することで、子どもたちにＤＡＩＳＹを活用する教職員が増えるとともに、子どもたち自身が、自分が使っているタブレット端末にこの

ＤＡＩＳＹを入れてほしいと来館し、学習や読書に活用する姿が見られるようになってきました。

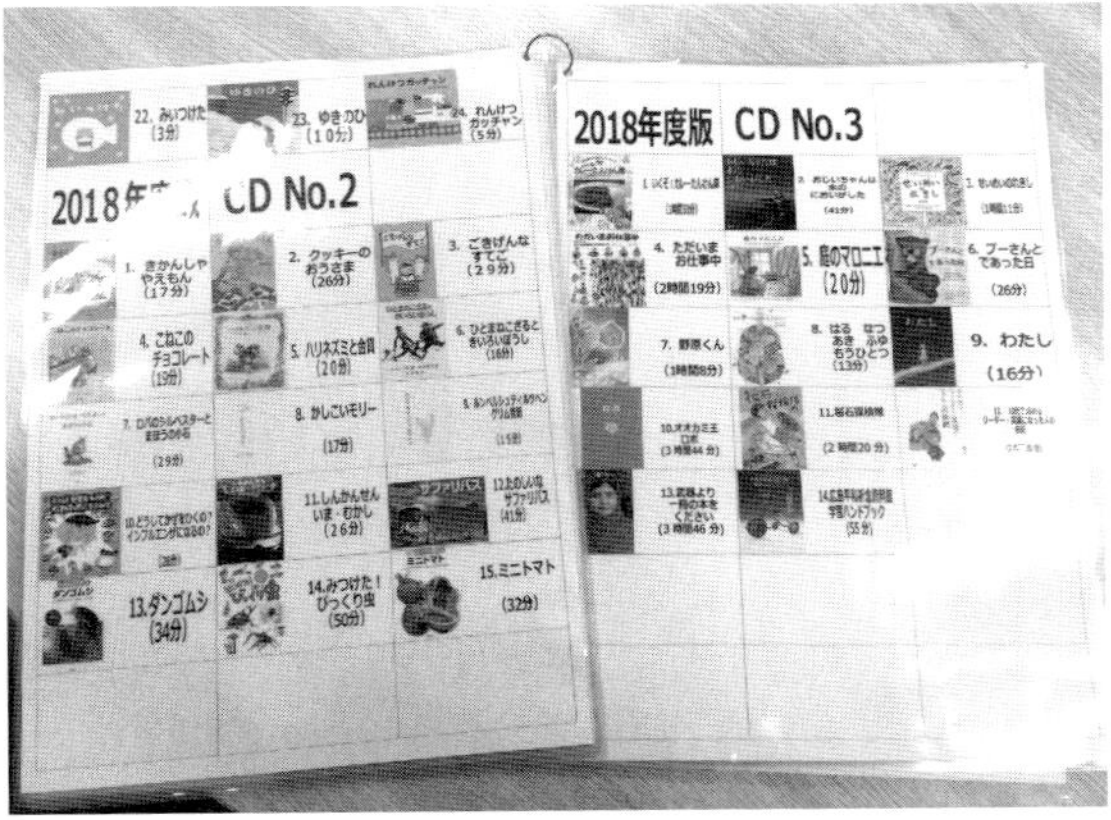

見やすいようにまとめてパソコン横へ

読みたいDAISYを自分のタブレット端末に

第四章　学校図書館を支える人的体制とネットワーク

第三章では、障害や発達段階に応じた施設や設備、資料などの環境整備について紹介しました。この章では、本校の学校図書館を支える人的体制とネットワークについて紹介します。障害や発達段階に応じた施設や設備などの環境整備が整っても、それを活用して合理的配慮の提供を行うことができるのは「人」です。さらに言えば、その環境整備を行うことも、学校図書館に関わる「人」がいてこそできることだからです。学校図書館に関わる「人」の配置やネットワークこそ、重要な基礎的環境整備といえるでしょう。

一　司書教諭と学校司書

鳥取県では学校規模に関係なく司書教諭が全校配置になっています。本校は、学級数は全校で九学級と小規模ですが、司書教諭が一名発令されています。また、非常勤ですが学校司書も雇用されていて、司書教諭と学校司書が協働して学校図書館運営を行っています。

年度初めには、学校図書館利用案内を協働で作成し、職員会で学校図書館の活用について教職員に説明したり、学校図書館年間活用計画や図書館教育全体計画を提案したり、クラスごとに図書館オリエンテーションを行ったりして、学校図書館の利活用を進めています。

また、年度末の職員会では、一年間の貸出冊数やリクエスト数、レファレンス数などの実績を報告し、学校図書館活動をなるべく可視化するように心がけています。

図書館教育は、校務分掌では教務部に所属しており、情報教育主任も所属しています。先ほどの第三章の一〇でも紹介したように、障害がある子どもたちの読書活動や調べ学習にはＩＣＴ活用が欠かせないため、情報教育との連携は必須です。

二　図書館ネットワーク

▼公共図書館・鳥取大学附属図書館・附属学校部図書館との連携（113ページ参照）

鳥取大学附属学校部には、特別支援学校、小学校、中学校、幼稚園の四校園が所属しています。四校園の図書館は、ちょうど本校の図書館がリニューアルした年に図書管理システムを共有し、ネットワークでつながりました。検索用のパソコンで検索するとすべての蔵書が検索でき、相互貸借が可能です。また、同時に附属学校部図書館の学校司書（附属小中学校を主に担当）とも連携し、蔵書点検などの作業を行うようにしています。

また、鳥取県立図書館や鳥取市立中央図書館の検索システム、鳥取県横断検索システムを活用して予約をすると、公共図書館から鳥取大学附属図書館を経由して、学内便で附属特別支援学校に資料が届くシステムができています。学校司書が窓口となって蔵書冊数の不足を補っており、子どもたちの読書活動や授業に関わるレファレンスなどにも対応しています。

資料を見ないとニーズに合うかどうかわからないため、公共図書館に出向き、確認して借りてくることも多いです。一方で読み物などの選書を、公共図書館の司書にお願いすることもあり、「新しい本が届いていますね。すごい！」と喜ばれ、子どもたちにも教職員にも人気で借りられています。おかげで子どもたちの読書の幅もぐんと広がりました。公共図書館からの借入冊数は、年々増加し、一定の冊数をキープしています。二〇一六（平成二八）年に、鳥取県立図書館と県内図書館ネットワークが図書館総合展で「Library of the Year 2016ライブラリアンシップ賞」を受賞しました。本校を含む県立特別支援学校もそのネットワークの一部に入っており、大学附属図書館、公共図書館との連携は、蔵書冊数が少ない本校において、学校図書館運営を行っていくうえで不可欠なものになっています。

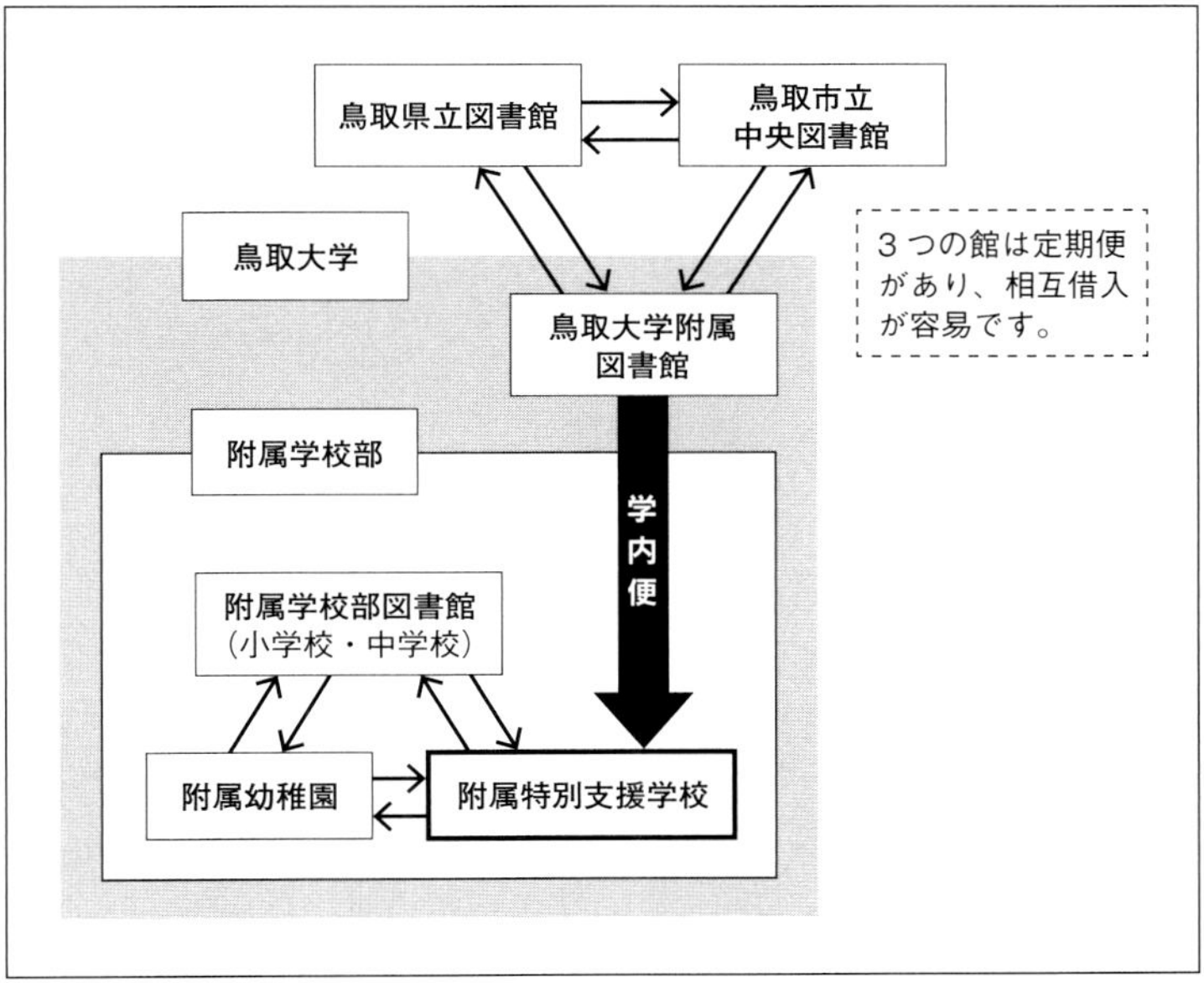

公共図書館・鳥取大学附属図書館・附属学校部図書館との連携

▼学校図書館支援センターとの連携

二〇一五（平成二七）年、鳥取県立図書館内に学校図書館支援センターが立ち上がり、年に一～二回程度、学校図書館支援員兼指導主事が県立特別支援学校を訪問し、巡回相談を行っています。

本校にも巡回相談に来てもらい、課題を相談したり、新しい情報をもらったりしていて、学校図書館の運営に大変役に立っています。また、学校図書館支援センターには、特別支援学校向けのセット貸出やテーマ別のブックリストが作成してあり、いつでも活用することができます。

▼県立特別支援学校図書館との連携

鳥取県内には、一一校（分校も含む）の特別支援学校があります。それぞれの学校でそれなりに実践を行っているものの、特別支援学校の図書館担当者が集まって情報交換などを行う場が必要だという声があがり、二〇一七（平成二九）年に「特別支援学校図書館教育研究会」が正式に立ち上がりました。

障害種は違うものの「司書教諭は、授業にどのように入っているか」「どの分掌に所属しているか」「ブックリストはどのように作るのか」など、実際に役に立つ情報を入手することができ、有意義な会となっています。学校図書館支援センターの支援員兼指導主事にも参加してもらい、アドバイスをもらったり、鳥取県立図書館の講座の中に、特別支援学校の図書館や障害者サービスに関する講座を設けてもらったりしています。

▼図書ボランティア「おはなしの会『パズル』」との連携

本校では、卒業生の保護者（令和元年度は八名）で組織されている「おはなしの会『パズル』」というボランティアグループが活動しています。結成されて一八年たちますが、毎月一回、昼休憩に学校図書館で「おはなし会」を行っています（116ページ参照）。約二〇分間程度、学校司書と相談しながら、季節や行事に関する絵本や心が温まるおはなしを選書して読み聞かせをしてくださっており、毎回、子どもたちはとても楽しみにしています。

また、一〇月の学校行事「ふれあいまつり」では、毎年、体育館のステージで、自作の大型紙芝居の読み聞かせをしています。自作の大型紙芝居は五作目になり、役割を分担したり、声色を使って読み聞かせをしたりしてくださるので、子どもたちは、楽しみにしており、集中して聞いています。

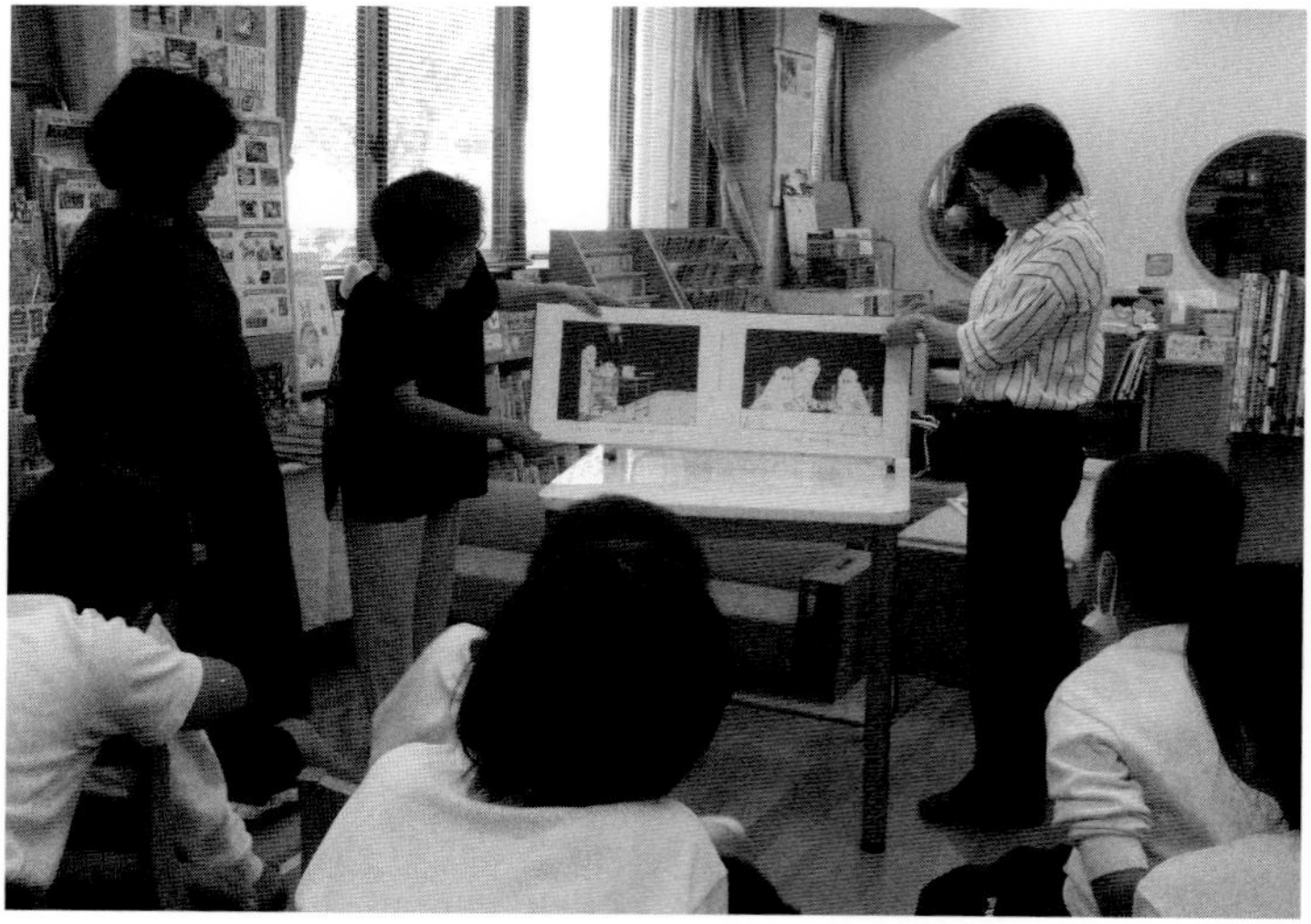

今日はどんなおはなしかな？　みんなワクワク！

第五章　個に応じた学校図書館サービス

この章では、紹介した施設や設備、機器などの環境を活用して、司書教諭や学校司書がどのように学校図書館サービスを行っているかについて、触れたいと思います。

一 「読書カルテ」の作成

本校の子どもたちの読書の実態は、実践編第一章で説明したように多様です。そのため、まず学校図書館では、子どもたち一人ひとりの読書の実態を把握することが大切です。日常の本の貸出業務だけでは、詳細な読書ニーズを把握することが難しいため、全学部の子どもたちを対象に「読書カルテ」を作成しました。まず、保護者を対象にアンケートを取り、それをもとに担任が記入して作成しています。

読書カルテの具体的な項目は下のとおりですが、2と3の項目だけは、担任に記入してもら

〈読書カルテの具体的な項目〉

1 読書に関する興味・関心
2 活字の読みについて
3 読解について
4 新聞に関する興味・関心
5 雑誌に関する興味・関心
6 DVD等の映像に関する興味・関心
7 公共図書館の利用
8 マルチメディアDAISYについて

「読書カルテ」の具体的な項目

読書カルテ（小学部）

（　　）年（　　　　　　　　）

読書：活字を読んで内容を理解する行為の他に、読み聞かせをしてもらって聞く、絵を見る、内容は理解できていないと思われるが本を見る、マルチメディアDAISY図書を視聴する、布絵本、音が出る絵本を楽しむ、DVD等の映像を見る等の実態も含む。

1　読書に関する興味・関心

	1年	2年	3年	4年	5年	6年
・読書が習慣になっていて生活に欠かせない						
・読書が好きで、よく読んでいる（見ている）						
・時々読書している						
・あまり読書はしない						
・まったく読書をしない						
・その他（　　　　　　　　　　　　）						

※好きなジャンルの本（具体的な書名など）
（例）かいけつゾロリシリーズ（５年生）『仮面ライダー図鑑』○○○○作（２年生）等

2　活字の読みについて

	1年	2年	3年	4年	5年	6年
・小学校５～６年生程度の漢字が読める						
・小学校３～４年生程度の漢字が読める						
・小学校１～２年生程度の身近に使われている漢字が読める						
・ひらがなとカタカナがすらすら読める						
・ひらがながすらすら読める						
・カタカナは読めるが、拾い読みである						
・ひらがなは読めるが、拾い読みである						
・読めるひらがなが限られている（　　文字程度）						
・ひらがなはまだ読めない						
・その他（　　　　　　　　　　　　）						

「読書カルテ」（一部抜粋）

い、それ以外の項目は保護者にアンケートを取っています。小学部一年、中学部一年、高等部一年、専攻科一年のタイミングでアンケートを取るようにし、あとの学年では、担任が修正していくようにしています。

作成した読書カルテを活用して、読書への興味・関心、活字の読みや読解の実態などを参考にしながら、本を薦めたり、子どもたちや教職員のリクエスト、レファレンス（授業で生徒が使用するもの）への対応、公共図書館からの借入、新刊図書の購入などを行っています。

自分にわかりやすい本や読みたい本を選ぶことができない子どももいるため、保護者や担任からの情報を記入した「読書カルテ」は、とても役立っています。

また、「学校では毎日のように本を借りているが、家庭では全く読書をしない」「学校では公共図書館の利用へとつなげるための学習を行っているが、家庭では全く利用していない」など、家庭との連携の必要性も実感し、課題も浮き彫りになりました。

二　個のニーズに応じた貸出やリクエスト・レファレンスへの対応

本校では、学校司書が、子どもや教職員への資料の貸出やリクエスト、レファレンスに対応しています。

対応に当たっては、「読書カルテ」を活用したり、コミュニケーションを大切にしたりしながら、例えば、「必ず、ふりがながあるものがよい」「文字数が少ないものがよい」「魚に興味・関心があるから、魚の図鑑を購入しよう」「まだ文字が十分に読めないから、読み聞かせをしよう」「DAISYなら喜んで読んでくれそうだ」など、子ども一人ひとりの興味・関心、発達段階や障害特性に応じた資料の提供ができるように心がけています。

学校司書が図書館にいて対応することで、貸出冊数が増加し、来館する子どもも増えて読書活動が活性化しています。また、学校司書が、子どもからのリクエストやレファレンスに必ず応えることで、毎日のように自分の読みたい本のリクエストをしに来館する子どもや、調べたいことや知りたいことがあると必ず図書館に「○○がわかる本がありますか」と言ってやってくる子どもが増えました。

教職員からのレファレンスは、授業に活用されるものが大半を占めています。具体的にどんな資料が求められているかをきちんと把握することが重要です。公共図書館に出向いて、資料の内容を見たり、子どもの実態に合っているかどうかを確認したりして、実際に使える資料を選書するようにしています。

選書のポイントとしては、①文字ばかりが書いていていないか　②文字の大きさは適当かどう

か　③写真や図は数多く載っているか　④ふりがながあるか　⑤行間が詰まっていないかなど、使う子どもをイメージしながら、見やすさ、わかりやすさを一番に考えて選ぶようにしています。

選書した資料は、学部やクラス貸しにして、貸出図書一覧表を手渡した後、実際利用してよかった資料に印をつけて、フィードバックしてもらうようにしています。学校図書館に学校司書がいるようになったおかげで、貸出冊数だけではなく、レファレンス・リクエストもともに増加しています（左ページ参照）。特に子どもからのリクエストは、現在の学校司書の配置で急増しました。学校司書としての専門的な対応力が問われる部分だと感じています。

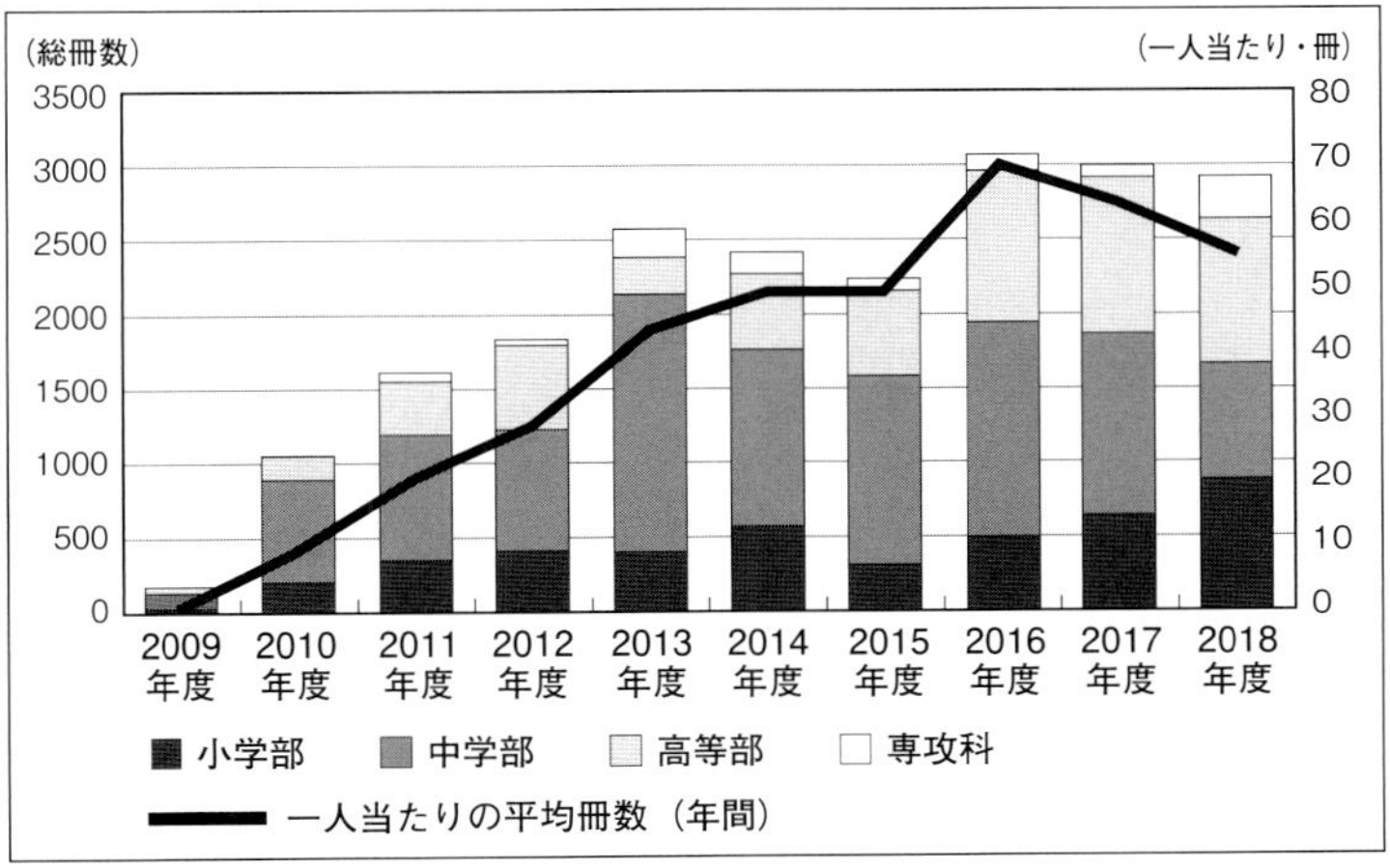

年度別貸出冊数の推移

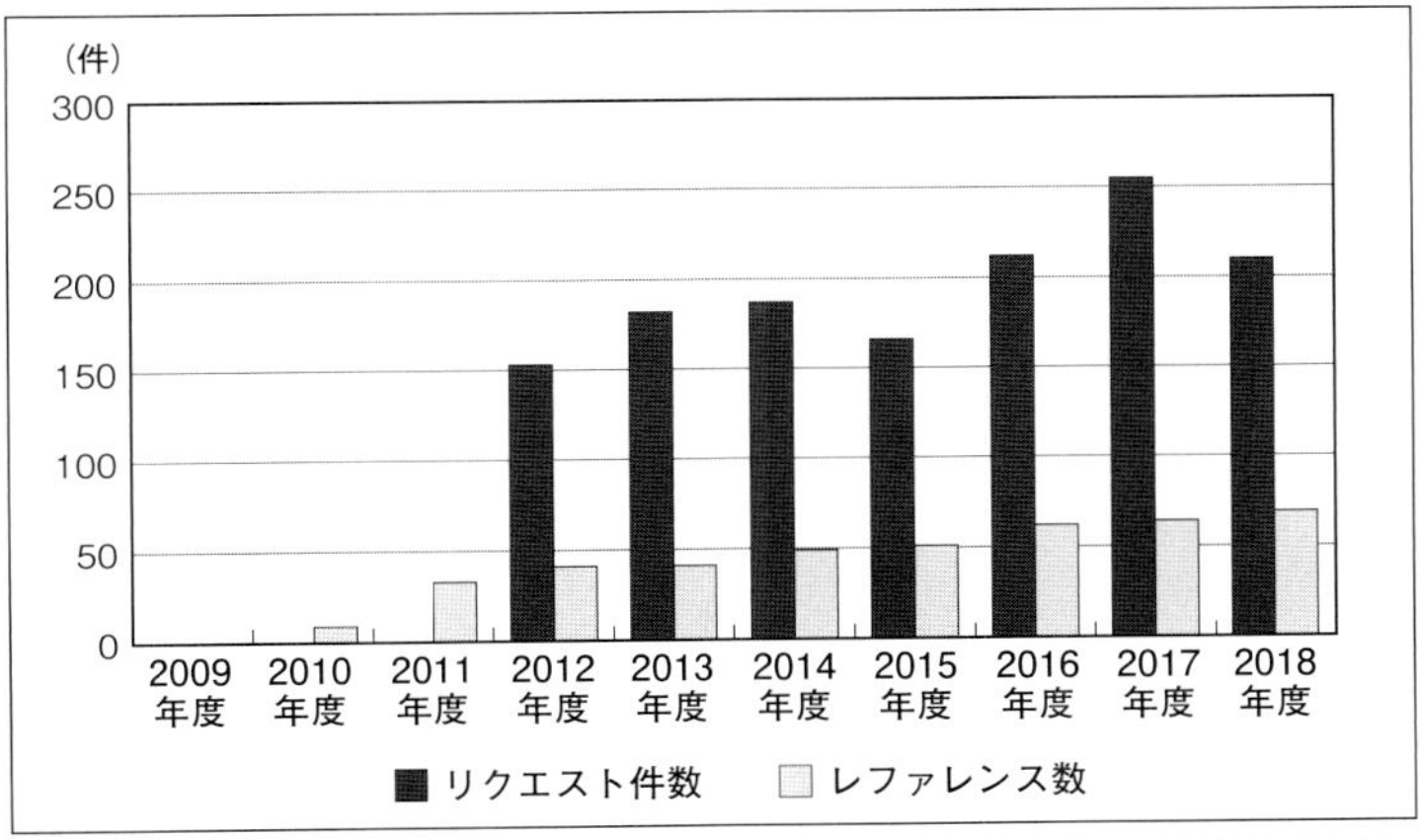

年度別リクエスト・レファレンス数の推移（児童生徒・教職員合計）

・2009年度は学校司書の配置なし
・2010年度は学校司書が週６時間勤務、2011年度以降は週12時間勤務

生徒とのほっこりエピソード

本校での学校司書としての私（入川）の勤務も八年目に突入しました。あっという間に月日が流れたように感じています。この間、さまざまな子どもたちとの出会いがありました。日ごろから私が学校司書として、子どもたち一人ひとりとどのように向き合い、図書館サービスを提供しているのか、特に心に残っているMさんとのエピソードを通して紹介したいと思います。

▼「川魚と図鑑」

本校図書館へ勤務した年に初めて出会ったMさん。Mさんは、中学校から高等部に入学してきました。空き時間があればほぼ毎日、何度でも図書館へやってきます。Mさんは本当に読書が好きな生徒でした。図書館へ来館した子どもには「いらっしゃい」と声をかけますが、何度声かけをしてもMさんは全く無反応でした。

ある日、いつものようにMさんが図書館で「魚の図鑑」の本を読んでいました。毎日、毎日「魚の図鑑」を読んでいるので、「本を借りたらどう？ 借りたら、ゆっくり読めるよ」と声をかけると、「いや、借りません」と返答が返ってきました。その次は「ほかに読みたい本があったらリクエストしてね」「わかりました」と、次第にコミュニケーションがとれるようになっていきました。

別のある日、私がほかの子どもと図書館で飼っている魚の話をしていると、Mさんが会話に入ってきました。自分の知っていることを、ほかの子どもにアドバイスする姿も見られるようになりました。

夏休みが明けた始業式の日、私が図書館に行くと、水槽の中に違った魚がいるのを発見しました。誰かが魚を持ってきて水槽に入れた形跡が残っています。午後からMさんがやってきたので、「魚を入れたのはMさん？」と尋ねると「そうです」との返事。「どこから捕ってきたの？」「家の近くの川で捕獲しました。」「どうやって捕ったの？」「図鑑に載っていた仕かけを自分で作って川に設置しました」「へぇーすごい！」「図鑑を読んでいたのが役立ちました」と答えました。

Mさんは、川で捕った魚をわざわざ実家のある広島から持ってきてくれたのでした。理由を尋ねると、図書館の水槽で飼っている魚が少ないので、仲間を増やしてあげたいからというものでした。いつも図書館へ魚を見に来てくれる子どもたちも新しい仲間が増えて大喜びでした。えさのことも本を読んで得た知識をもとに私に教えてくれました。水槽の掃除も一緒に手伝ってくれました。現在もMさんの魚が、水槽の中を元気に泳いでいます。

▼「図鑑から漫画　漫画からノンフィクションへ」

そんなMさんは、「図鑑」も大好きだけれど、「漫画」も大好きでした。お気に入りは、「ドラえもん」シリーズ。特にコミック版を愛読していました。

ある日、急にカウンター越しにやってきて、「ここを読んでみて！」と本を指差しました。顔はニコニコと微笑んでいます。すぐに、自分が読んで面白かったことを共感してほしいとわかりました。クラスメートにも同じように、本を指差す姿がありました。「この本、面白いよ」と薦めることもたびたび見られるようになりました。

本をずっと借りなかったMさんですが、「〇〇の本のリクエストをお願いします」と言って図書館へやってきました。よほど読みたかった本があったのでしょう。今度は、漫画ではなく、お笑いタレントが著者の本です。リクエストをしてきたのは初めてのことなので、どうしても手渡したいと思っていたところ、幸い公共図書館にあり、借りることができました。

手渡すと、とてもうれしそうに借りていきました。

高等部在籍の三年間、借りた本の数は決して多くはないですが、一冊の本に、じっくり時間をかけて読んでいるようで、読んだ感想を聞くとそれがよく伝わりました。その後、専攻科に進学したMさん。進学した後は、読む本も変化して新書本を借りるようになりました。放課後、友達と図書館に寄り、お笑いのネタを披露してくれたり、本の話をよく聞かせてくれたりしました。

そんなMさんの成長した姿を、図書館で見守ることができたことをうれしく思っています。Mさんは、学校を卒業した今も公共図書館を利用しているそうです。読書は子どもたちにとって大切な余暇活動です。図書館で読んだ本の情報や知識が、今後の生活において役立ったらいいなと願っています。

第六章　学校図書館を活用した授業と支援

一　司書教諭と学校司書が授業に参加

鳥取県内の小学校・中学校・特別支援学校の司書教諭には、学校図書館に携わる時間として週五時間が保障されています。

司書教諭は専任ではないため、なかなか他学部や他学級の授業に入るのは難しいですが、その五時間を利用して、本校でも全学級の学校図書館オリエンテーションや学校図書館を活用した授業になるべく入るようにしています。

司書教諭は主に読書指導や情報活用能力の育成指導などの指導場面で授業に入っています。教育課程や学校図書館年間活用計画をもとにしながら担任や各教科の担当に声をかけたり、声がかかったりして少しずつ学校図書館を活用した授業が増えてきました。

また学校司書は、研究ゼミ（専攻科）、カルチャー（高等部余暇活動）、作業学習（高等部ビジネス班、136ページ参照）、生活単元学習（中学部）の授業などに入っています。小学部には「パネルシアター」や「読み聞かせ」を行うこともあります。

学校司書が授業に入る年間の時間数が決まっているため、年度初めには、学校司書の専門性がいかされるように、どの授業に入るか相談しています。学校司書として、主に子どもたちが授業で使う資料の紹介や資料の探し方の支援など、図書館サービスの提供場面で授業に

司書教諭による大型スクリーンを使ってのオリエンテーション

学校司書による各分類ごとの本の紹介

入るようにしています。

授業の時間によって、二人が参加したり、どちらか一人の参加だったり、資料提供のみにとどまったりと臨機応変に対応しています。では、実際にどのようなことに配慮しながら授業づくりや支援を行っているか、学校図書館を活用した実践の一部を紹介したいと思います。

二　学校図書館を活用した授業の具体例

▼学校図書館オリエンテーション（学級活動：全学級）

年度初めには、学校司書と司書教諭が協働で、全クラスを対象に学校図書館オリエンテーションを行っています。パワーポイント資料を使ったり、読み聞かせや本の紹介、図書館クイズなどを行ったりして、学校図書館の使い方や図書館のきまり、本の分類、本の借り方・返し方などをクラスの子どもたちの実態によって多少変更しながら行っています。

例えば、小学部の子どもたちには手遊びやパネルシアターを行ったり、高等部の生徒たちには本の分類とあわせて、生活年齢に配慮しながらさまざまな資料の紹介をしたりしています。

学校司書は一人ひとりの利用カードを作成して、オリエンテーション時に配り、実際に本の貸出を開始するようにしています。

また、本の表紙をコピーして、実際に請求記号を見ながらクイズ形式で本を探す活動も行っています。このような活動を繰り返し行っていくことで、子どもたちは、学校図書館のどこにどんな本があるか、わかるようになっていきます。

さらに「マルチメディアＤＡＩＳＹ図書に親しもう」というテーマで、ワーキングルームの使い方についても全学級にオリエンテーションを行っています。クラス全員で、大型スクリーンにＤＡＩＳＹを映し出して視聴した後、ワーキングルームで、実際にパソコンを使って、自分の読みたいＤＡＩＳＹを視聴します。自分のタブレット端末に気に入ったＤＡＩＳＹを入れて視聴する子どももいます。

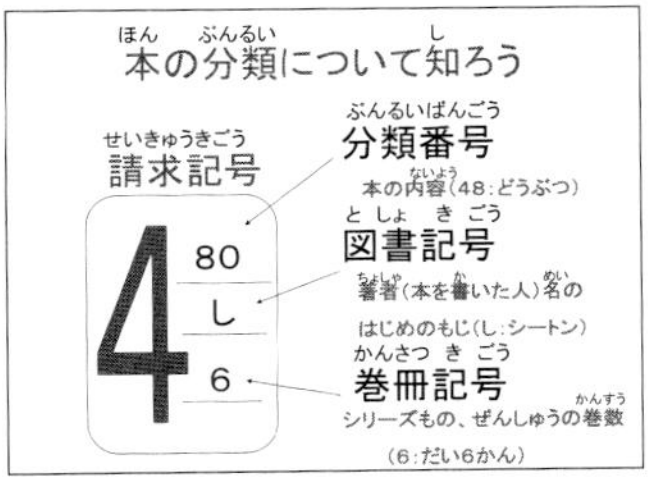

オリエンテーション用に作ったパワーポイントの資料（一部）

▼「研究ゼミ」は知の探究！（高等部専攻科）

高等部専攻科には「研究ゼミ」という学習があり、学校司書が毎回授業に入っています。専攻科の生徒が、約一年間かけて一つのテーマについてリサーチを進め、年度末には、保護者や招待した方の前で、パワーポイント資料などを使ってプレゼンテーションを行います。いつも協力をいただいている鳥取県立図書館の方が来てくださることもあります。

年度初めには、まず学校図書館に来て、百科事典を引きながら、ゆっくりと時間をかけてテーマを決めます。

テーマ決めで悩んでいる生徒には、少し声かけをし、興味・関心のありそうなジャンルの本を手渡します。たくさんの資料を選んでも、全部読めなかったり、使わなかったりすることが多いので、資料を生徒と一緒に見て、「使いたい資料」や「実際に使える資料」の見極めをします。自分に最適な資料がどれなのかをよく考えることで、調べたいことの項目が限定でき、無理のない調べ学習ができるようになったと感じています。

調べ学習が長期間に及ぶため、研究ゼミの資料は、学校図書館で購入することも多くなりました。

本だけではなく、インターネットを使った情報検索も頻繁に行われているため、なるべく信頼できるサイトを利用するように、生徒にサイトを紹介したり話をしたりしています。

また、専攻科では、公共図書館利用の授業と、公共図書館への校外学習を行っています。毎年必ず、鳥取県立図書館に校外学習に行き、学校図書館支援員や司書に、自分の使いたい資料の探し方について講義をしてもらっています。

数多くの蔵書がある公共図書館で、いかに自分の使いたい資料を探すことができるか、そのためにはどんな方法があるかなどを知るための学習です。

実際に図書館の利用カードを作った後で「研究ゼミ」で使う資料を借りて帰ります。生徒たちが、社会人になって公共図書館を利用するときにも大いに役に立つことでしょう。

「こんなのはどう？」と個々のテーマを考えます

▼「ビジネス班」は学校図書館の応援団！（作業学習：高等部本科）

二〇一三（平成二五）年度から、高等部本科に新しくできた作業班です。校内から依頼があった仕事や、外部からの受注依頼を受けて作業をしています。

このビジネス班ができた当初より、学校図書館の事務作業を依頼しており、学校司書も授業に入っています。きっかけは、図書管理システムが新しく導入されたときに膨大な事前の作業が必要となったからです。事務作業の内容は、本に貼ってある古いシールを剥がす、本をきれいにする、図書館内の本の整理をする、ブックカバーをかける、ＤＡＩＳＹ図書を分割した後の配架（104ページ参照）までの作業などです。

その作業の中でブックカバーをかける作業の様子を紹介します。

はじめに、ブックカバーをかけている動画や、実際本にブックカバーをかけているところを生徒に見てもらいます。次に、失敗してもいいように、古い本などを使って練習を重ねます。さまざまな本のサイズに合わせて、カバー（フィルム）を切っていく作業もあります。この作業は、誰にでもできる作業ではないため、できそうな生徒と教職員で担当しています。本にカバー（フィルム）をかける工程では、カットするはさみの角度や引っ張り具合、空気が入らないようにするにはどうしたらよいかなど、その都度、手を添えたり、助言したりして支援をしています。

うまくできなくて、気持ちがついていかないときもありましたが、一冊の本のブックカバーをやり終えたときは、生徒たちは、本当に満足げな顔を見せてくれました。ビジネス班が、約六年半の月日をかけて、学校図書館の本すべてに、ブックカバーをかけてくれました。継続して作業することで、丁寧にうまくかけることができるようになり、ほかの先生方にもほめてもらって、自信ややりがいを育む機会にもなりました。

図書館の作業をすることで、生徒たちには「本を大切にしよう」という気持ちが一層強くなったと感じています。また、学校図書館の作業に関わることで、新たな本との出合いもあり、生徒たちの読書のきっかけともなりました。

このブックカバーかけの作業は、今現在でも継続して行っています。読書活動でなくても、本に触れることで、興味を持ってもらう活動は大切だと思っています。

ブックカバーかけも本に親しむきっかけに

▼「なかよしカレンダーをつくろう！」（小学部：自立活動）

小学部の高学年の児童二名の学級で、司書教諭の資格を持っている担任が行った実践です。二名の児童は、物の名前は比較的よく知っていましたが、「やさい」「どうぶつ」などの仲間ごとに言葉あつめをすることは少し難しく、よく知っている物の名前しか、まだ出てこない段階でした。

そこで、八月から毎月、「やさい」「おかし」「どうぶつ」などのテーマごとに「なかよしカレンダー」を作ることにしました。毎月、同じ学習の流れで授業を行いました。

【学習の流れ】

① 月ごとにカレンダーにするテーマを二人で話し合って決める
② テーマになった物の名前を担任やほかの先生、友達にインタビューする
③ テーマになった物の名前やインタビューした言葉が載っている本を図書館で探す
④ 目次を見てテーマを探し、自分の描きたい物を見つけたり、インタビューした言葉を索引から探したりする
⑤ 好きな色の紙を選び、調べた言葉と絵をかいて、カレンダーに貼る

学校司書は、学級への貸出用も含めて資料を準備し、児童に資料の紹介をしたり、担任と

一緒に目次の使い方や索引の引き方を指導したりしました。また担任は、児童が決めたテーマについての本を学校司書にリクエストし、教室でも活用するようにしました。

九月に「おかしカレンダー」を作ったときのことです。二人が、いつも関わってもらっている級外の先生に「好きなおかしは何ですか？」とインタビューしたところ、「おはぎ」と答えが返ってきました。二人は「おはぎ？」と意味がわからないようで、さっそく図書館に行き、索引を引いて「おはぎ」を調べ、載っていた「おはぎ」の写真を見ながら紙に描いてカレンダーに貼りました。

しばらくして、買い物学習で近くのコンビニエンスストアに行ったときのことです。お店に「おはぎ」が売られていて、それをいち早く見つけた二人は、「先生、おはぎがあった！」と大喜び！　学校に帰ってから、その級外の先生に報告したそうです。

図書館で調べたことと実際の生活体験が結びつくことで、子どもたちは物の名前を覚え、認識を深めていきます。

担任からも次のような感想が返ってきました。

図鑑の目次や索引を使って！

毎月行っているカレンダー作りのおかげで、授業で図書館を使ってもテーマに合った本を自分で書架から探せたり、週一回の図書の貸出の際にカレンダー作りに関係した本を選んで借りたりするようになりました。

本の目次や索引のページを開くことが定着し、調べている言葉を見つけることが少しずつできるようになってきたおかげで、家庭でも、花の本を手に取り、花の名前を索引ページから探す姿が見られるそうです。カレンダー作りに向けては「図書館に行こう！」「図書館の先生に聞こう！」とはりきる児童の姿が見られ、「先生、好きな（テーマ）は何ですか？」「カレンダーを見てください」と生き生きと伝える姿も見られました。

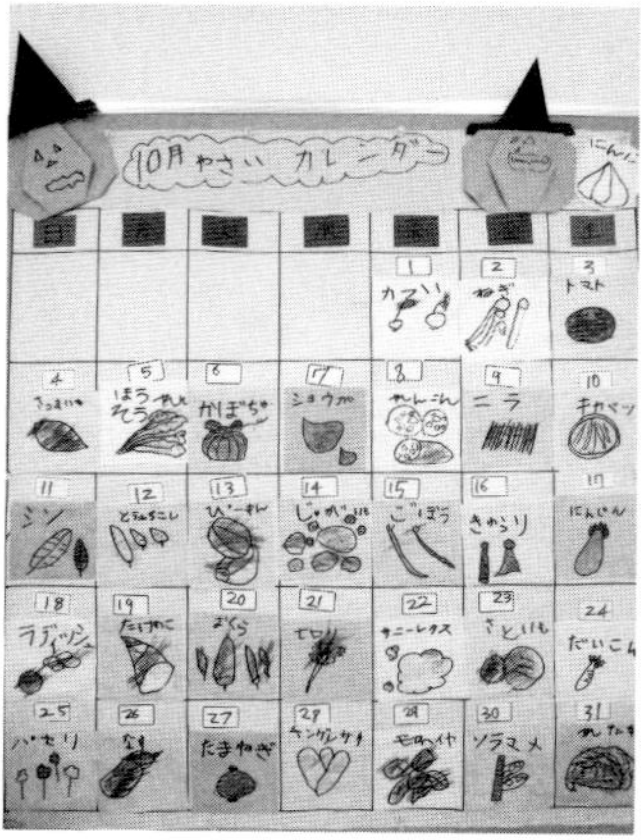

10月は「やさい」をテーマにしました

第七章　学校図書館を活用した探究的な学習
「レッツ鳥取じまん～鳥取の陶芸の巻～」

この章では、学校図書館を活用した中学部の探究的な学習の実践について紹介したいと思います。「新たな価値や自分と出会う探究的な活動」という研究テーマを設定し、学部全体（一年生～三年生の一六名）で行った「生活単元学習」の授業実践です。

一　「生活単元学習」って何？

知的障害教育では、もともとその障害特性から、机上で知識を断片的に学ぶのではなく、「各教科等を合わせた指導」の中で単元を設定し、集団で目標を持ち、体験的な活動を通して目標を達成していこうとする学習が行われてきました。中でも「生活単元学習」は、学習指導要領に「児童生徒が生活上の目標を達成したり、課題を解決したりするために、一連の活動を組織的・体系的に経験することによって、自立や社会参加のために必要な事柄を実際的・総合的に学習するものである」とあり、各教科等の目標や内容を扱います。

本校でも教育課程の中核として位置づけ、毎日一時間ずつ行っている学習です。生徒たちが主体的に活動に取り組みやすく、学習指導要領で重要とされている「主体的・対話的で深い学び」を意識しながら授業を展開しやすい学習です。

二　「レッツ鳥取じまん～鳥取の陶芸の巻～」について

毎年、中学部では一一月～一二月にかけて、「レッツ鳥取じまん」の学習を行っています。これまでも、因州和紙や松葉ガニ、鳥取砂丘などの鳥取の特産物や観光地について調べ、わかったことや感じたことを自分たちなりのさまざまな方法で表現し、発信していくという学習を積み重ねてきました。

「レッツ鳥取じまん～鳥取の陶芸の巻～」の実践は、鳥取の陶芸を題材にし、学習過程において、二つの実態別縦割りグループに分かれて取り組みました。生徒の実態に応じた探究的な学習活動を設定していくことで、地元の陶芸という新しい世界、新たな価値と出合わせたい、新たな自分や友達への気づきを育みたいと考えたからです。次ページにおおまかな学習の流れを示します。

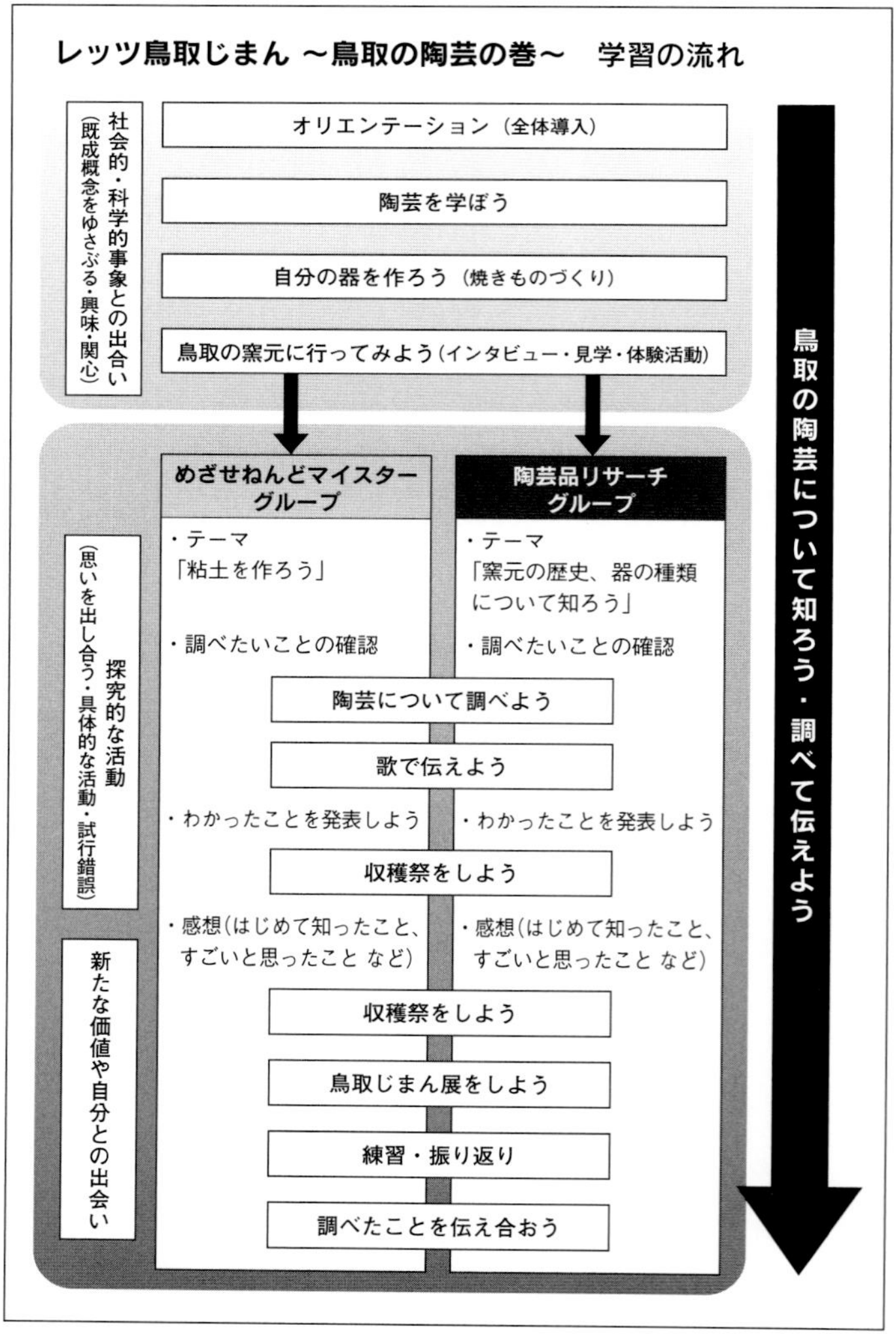
レッツ鳥取じまん ～鳥取の陶芸の巻～　学習の流れ
社会的・科学的事象との出合い
（既成概念をゆさぶる・興味・関心）
オリエンテーション（全体導入）
陶芸を学ぼう
自分の器を作ろう（焼きものづくり）
鳥取の窯元に行ってみよう（インタビュー・見学・体験活動）
探究的な活動
（思いを出し合う・具体的な活動・試行錯誤）
めざせねんどマイスターグループ
・テーマ
「粘土を作ろう」
・調べたいことの確認
陶芸品リサーチグループ
・テーマ
「窯元の歴史、器の種類について知ろう」
・調べたいことの確認
陶芸について調べよう
歌で伝えよう
・わかったことを発表しよう
・わかったことを発表しよう
収穫祭をしよう
・感想（はじめて知ったこと、すごいと思ったこと など）
・感想（はじめて知ったこと、すごいと思ったこと など）
新たな価値や自分との出会い
収穫祭をしよう
鳥取じまん展をしよう
練習・振り返り
調べたことを伝え合おう
鳥取の陶芸について知ろう・調べて伝えよう

三　具体的な取り組み

（一）オリエンテーション〜陶芸との出合い〜

陶芸という未知の学習に興味が持てるよう最初に「陶芸クイズ」を行いました。答えは選択肢の中から選ぶようにしましたが正答は提示せず、生徒が自分たちで見つけよう、調べようとする意欲につながるようにしました。

「陶器は何からできているでしょう?」という問いに、「石です!」と自信を持って答える生徒や「鳥取に窯元はいくつあるでしょう?」と全く知らない問いを出されて「えーっ、わからない。いくつ?」と友達の様子を見ながら楽しそうに答えを選ぶ生徒の姿も見られ、陶芸に興味を持つきっかけとなりました。

（二）陶芸体験と校外学習　〜プロの技・本物との出合い〜

地域の陶芸家、因州・中井窯の坂本章さんに来ていただき、電動ろくろや手びねりの技法、釉薬《ゆうやく》の二色がけのやり方など、プロの技術を見せてもらいました。また、電動ろくろの制作体験では、坂本さんと向かい合って、一人ひとり手を添えてもらい、少し緊張しながらも真剣に器づくりに取り組みました。坂本さんが粘土から自在に形を作っていく様子を見て、「粘土からあっという間に器ができるのがびっくり！」「坂本さんの技がすごい！」など、驚きの声をあげていました。

校外学習では、因州・中井窯とさらに因久山焼《いんきゅうざんやき》という二つの窯元に行きました。地元の素材を使い、粘土や釉薬を作っておられる様子や、陶器を実際に制作しておられる様子を見学しました。インタビューでは、「土を十分練ることができるまで三年かかる」「この仕事を続けていくという覚悟が必要」など、生徒に強い印象を与えた言葉もあり、陶芸家という職業やものづくりを行う専門家としての信念に触れる貴重な機会となりました。

（三）　グループ別の探究的な活動

陶芸体験と校外学習の後、生徒にアンケートを取り、教師が、生徒の実態や人間関係を考慮してグループを決め、次の二つのグループに分かれて学習を進めていきました。

【粘土マイスターグループ】

めあて…器の原料になる粘土の作り方について調べる。

一年生三名、二年生三名、三年生二名の計八名の集団です。視覚的な支援を行い、見通しが持てるようにするとともに、具体的な活動を通して調べたり、実体験を言語化したりしながら活動していくことが必要な集団です。

校外学習で粘土の作り方について説明を聞き、学校のいろいろな場所から土を集めて粘土作りを行いました。因州・中井窯の坂本さんに教えていただいたとおりに作ってみましたが、土は細かくなったもののべたべたと手にくっつき、粘土にはなりませんでした。

そこで、中井窯に再度、校外学習に出かけ、今度は中井窯で使っている土をいただき、学校で再挑戦したところ、無事手につかない粘土を作ることができました。

まとめの「鳥取じまん展」では、その過程を、実演を交えながら発表しました。

具体的な活動を中心に、仲間と一緒に楽しみながら試行錯誤して粘土作りを行うことで、粘土ができていく過程に驚きや喜びを感じながら学習に取り組みました。

【陶芸品リサーチグループ】

めあて…鳥取の東部の窯元やその製品について調べる。

一年生三名、二年生四名、三年生一名の計八名の集団です。目標を持ち、課題解決に向けてどうすればいいのか取り組める時期にある生徒が多いです。具体的な活動を通して調べることは必要ですが、抽象的で目に見えない世界についても、簡単な資料やインタビュー活動を通して調べ、ある程度理解できる集団です。

「陶芸品リサーチグループ」は、校外学習の後、学校図書館を使って学習を進めていきました。その経過を少し詳しく紹介します。司書教諭は、中学部所属だったため、このグループのすべての授業に関わっています。また、学校司書は、学校図書館を活用する場面で授業に参加しています。

▼中井窯と因久山焼についてもっとくわしく調べよう

ペアになり、どちらの窯元について調べるかを話し合い、住所や代表者の名前、歴史、どんな器を作っておられるか、器がどんな所に使われているかなどについて調べていきました。その際、事前に生徒たちが学校司書に依頼して、鳥取県立図書館や鳥取市立中央図書館をはじめとした公共図書館から郷土資料などを取り寄せてもらうようにしました。しかし、特に既存の郷土資料は難しく、生徒たちでは知りたい情報を探し出すことは容易ではないと感じました。

一方、インターネットの情報は、器の写真が多く載っていて、「スーパーはくと（特急列車名）の手洗い鉢」に使われているなど、中学部の生徒の知的好奇心を揺さぶるような内容が紹介してありましたが、生徒が自力でアクセスするのはとても難しく、文章が難しいものもありました。そこで学校図書館で、生徒に調べてほしい内容の写真や記事が載っていて、なるべくわかりやすいサイトや資料を選んで、パスファインダー（151ページ参照）を作成しました。

▼パスファインダーの作成

パスファインダーの作成手順や要領について紹介します。

・生徒が探したい情報（教師が探してほしい情報）を図書や雑誌、新聞、広報誌、インターネットなどを使って、事前になるべくたくさん集める

・集めた情報について、情報が古くないか、正しくて適切かどうかなどを吟味して、生徒になるべくわかりやすい情報を選ぶ

・情報が載っているのが紙媒体の資料であれば「キーワード」の欄に、生徒が調べたいと興味が持てるようなワードを書き入れる（例「スーパーはくと」）
・インターネットのサイトであれば、紙媒体の資料と同様に「キーワード」を書き入れ、さらにその情報のURLが、なるべくトップに来るように、「けんさくワード」を入れる
・授業の際、「パスファインダー」を見せながら、生徒に紙媒体の資料やサイトについて紹介し、パスファインダーの使い方についても説明する

生徒は、キーワードを見て、「スーパーはくとってどういうこと？」「有名人って何？」と興味を持ち、自分たちが調べてみたいことを選んで、タブレット端末を使って検索ワードを入力し、意欲的に調べる姿が見られました。

この学習では、情報を探し出すことよりも、探した情報をどう活用していくかに重点を置いたため、なるべく生徒が短時間に情報にアクセスできるように、丁寧にキーワードや検索ワードを示しました。生徒たちにとっては、知りたいことがあるときに、事前に学校司書に依頼しておくことで、学校図書館がアドバイスをしてくれるというよい学習の機会になったと感じています。

鳥取大学附属特別支援学校図書館

テーマ　中井窯について調べよう

本やパンフレット・新聞で調べる

キーワード	書名・パンフレット
使われているところ 「トワイライトエクスプレス瑞風」	「因州・中井窯の茶器」 日本海新聞2016年８月９日
使われているところ 「スーパーはくと」	「もてなしをふんだんに」 日本海新聞2008年10月26日

インターネットで調べる

キーワード	けんさくワード	URL
瑞風	瑞風　中井窯	「瑞風」の車内を彩るアート・伝統工芸品 https://twilightexpress-mizukaze.jp/omotenashi/index.html
スーパーはくと	スーパーはくと JIDAデザイン	「JIDAデザインミュージアムセレクション」に選定されたことについて http://www.chizukyu.co.jp/chizukyu/news/2010/01/
有名人	リバリュー　日本 鳥取県	REVALUE NIPPON https://nihonmono.jp/area/15697/
使われているところ	のんびり鳥取 中井窯	鳥取・民芸の器を探す旅。 https://intojapanwaraku.com/travel/985/

パスファインダーもわかりやすく（URLは2019年10月現在）

▼リライト資料・自作資料の作成

理論編の第三章六や第五章一にあるように、調べた情報がねらいに即しているのに、その内容が難しいと思われる場合には、リライト資料や自作資料（153ページ参照）を事前に準備しました。リライト資料は、新聞の記事を、なるべく内容を損なわないようにリライトしたもの、自作資料は、窯元が作った小冊子「因久山焼名品選」（芹澤良憲 編）を参考に作成したものです。が、実は、なかなか難しく、生徒にわかりやすいようにリライトしようとすると自作資料になりがちで、リライトの仕方や自作資料の作り方を研修しなければいけないと実感しました。リライト資料も自作資料も、次のようなことに気をつけて作成しました。

・難しい漢字はなるべく使わないようにする。使う場合は必ずふりがなをつける
・あまり抽象的な言葉は使わず、なるべくわかりやすい言葉で具体的に書く
・覚えてほしい言葉は難しくても使い、その場で、かみ砕いて意味を説明する
・文字の大きさは小さすぎないようにし、書体はゴシック体やメイリオなどを使って、行間をあけ、読みやすいようにする
・一文を短くし、主語と述語をなるべく明確にして、時系列に沿って書くようにする
・イメージができるように絵や写真を入れる　などです。

（リライト資料）

豪華寝台列車《ごうかしんだいれっしゃ》「トワイライトエクスプレス瑞風《ずいかぜ》」に

「因州中井窯《いんしゅうなかいがま》」の茶器《ちゃき》が使《つか》われます！

ＪＲ西日本《ジェイアールにしにほん》は、２０１７年春《ねんはる》に運行《うんこう》を開始《かいし》する豪華寝台特急《ごうかしんだいとっきゅう》「トワイライトエクスプレス瑞風《みずかぜ》」の客室《きゃくしつ》に備《そな》え付《つ》ける茶器《ちゃき》などに鳥取《とっとり》の伝統工芸品《でんとうこうげいひん》である「因州中井窯《いんしゅうなかいがま》」を選《えら》びました。

ＪＲ西日本《じぇいあーるにしにほん》から依頼《いらい》された「因州中井窯《いんしゅうなかいがま》」の坂本章《さかもとあきら》さんは、「トワイライトエクスプレス瑞風《ずいかぜ》」に備《そな》え付《つ》ける瑞風《みずかぜ》オリジナル茶器《ちゃき》などを制作《せいさく》されました。

ＪＲ西日本《じぇいあーるにしにほん》は、「この茶器《ちゃき》をお客《きゃく》さんや地元鳥取《じもととっとり》の方《かた》にも見《み》て、使《つか》ってもらい、運行《うんこう》する山陰《さんいん》、山陽《さんよう》の魅力《みりょく》を知《し》ってほしい」と考《かんが》えているそうです。

成28年8月9日（火曜日）日本海新聞掲載

リライト資料「豪華寝台列車に中井窯の茶器が使われます！」

因久山焼《いんきゅうざんやき》のむかし

因久山焼《いんきゅうざんやき》の窯元《かまもと》がある久能寺《くのうじ》というところは、川の流れで運《はこ》ばれた膨大《ぼうだい》な量《りょう》の粘土《ねんど》がつもっている土地《とち》です。

その豊富《ほうふ》な粘土《ねんど》を使《つか》って焼《や》いた器《うつわ》が、因久山焼《いんきゅうざんやき》です。因《いん》久山焼《きゅうざんやき》のはじまりは、奈良時代《ならじだい》からと言《い》われていますが、因久山焼《いんきゅうざんやき》という名前《なまえ》になったのは、江戸時代《えどじだい》からです。

因久山焼《いんきゅうざんやき》は、代々《だいだい》、鳥取藩御用達《とっとりはんごようたし》となり、お城《しろ》にたくさんの器《うつわ》をおさめてきました。また、お殿様《とのさま》が江戸《えど》に参勤《さんきん》交代《こうたい》で行《い》かれる時《とき》には、鳥取《とっとり》の土産物《みやげもの》にも使《つか》われました。

当時《とうじ》の武士《ぶし》の間《あいだ》では、茶道《さどう》がとても盛《さか》んで、江戸《えど》に行《い》くときには、茶道《さどう》に使《つか》う茶碗《ちゃわん》などを土産物《みやげもの》として持《も》っていくことが盛《さか》んでした。鳥取《とっとり》を出発《しゅっぱつ》して江戸《えど》へ着《つ》く日数《にっすう》は、約《やく》１か月《げつ》です。江戸《えど》へ行《い》けば、将軍《しょうぐん》や幕府《ばくふ》の武士《ぶし》たち、友人《ゆうじん》たちにたくさんの茶碗《ちゃわん》や器《うつわ》を土産《みやげ》として持《も》っていきました。

自作資料「因久山焼のむかし」

▼調べたことをまとめて、発表しよう！

次に図書館資料やタブレット端末を活用して、調べてわかったことと、取材して撮ってきた写真やインタビューしてきた「プロの一言」などを二人ペアで画用紙にまとめていきました。

また、二つの窯元について調べた後、この二つ以外に鳥取県東部にはどんな窯元があるのかも、同じ手順で調べてまとめました。

まとめる際には、司書教諭が資料のまとめ方について説明し、担任と協力しながら個々の生徒の支援を行いました。

個の実態に応じて、難しい言葉をやさしい言葉に言い換えたり、漢字にふりがなをふったりして支援を行いました。また写真については、資料をコピーしたり、タブレット端末の画面を図書館のプリンターで印刷したりしたものを、切り抜いて貼り、短くてもいいので、わかったことを自分の言葉で書くように支援しました。自分からリー

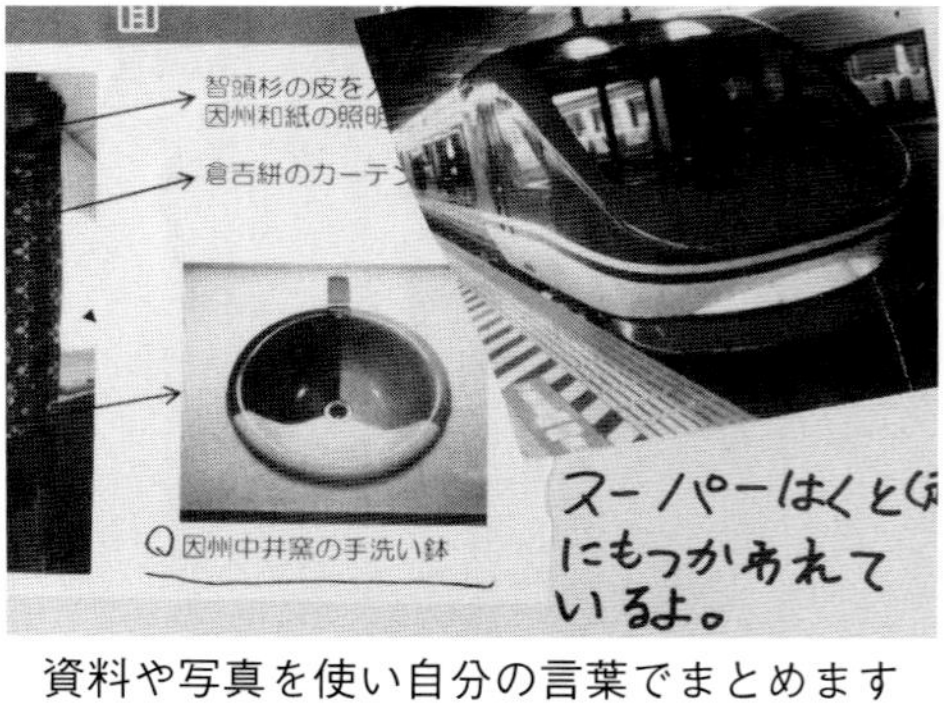

資料や写真を使い自分の言葉でまとめます

ディングトラッカー（読書補助具）を取ってきて使う生徒もありました。

自分はどの器が好きかお互いに伝え合ったり、どの情報を取り上げて画用紙にまとめるか、どうすれば友達にわかりやすく伝えることができるか、ペアで話し合ったり、協力したりしていく中で、お互いのよさや自分と友達の意見の違いに気づいたり、思いを共感したりすることができ、主体的に調べ学習に取り組む姿が見られました。

タブレット端末で調べる際、簡単に文字を入力して素早く調べ、調べた器の写真をすぐに図書館のプリンターで印刷するスキルを持っている生徒がいて（もちろん事前に学校図書館でその設定を行っておきます）、友達のすごさに驚いたり、普段はタブレット端末でよく調べている生徒が、タブレット端末では調べにくいからと図書館資料をすぐに手に取って調べたりと、さまざまな生徒の姿が見られました。

また、授業の終わりには必ずペアごとに調べたことを発表して感想を言い合い、共有する時間を持つことを大

協力していく中でお互いのよさを発見！

切にしました。そうすることで、「この窯元は九代目で歴史がある。この窯元は初代だよ」「ぼくは、この窯元の作品に魅《み》せられました」など、それぞれの窯元の器の魅力やプロのすごさを実感し、さまざまな新しい価値と出合うことができました。

また、図書館資料やインターネットを活用することで、「この窯元の器は、豪華寝台列車瑞風の調度品に使われるんだって」「プロのサッカー選手が、この窯元で体験したんだって」など、校外学習でのインタビューや見学では調べることができない実際に目の前にない事象も調べることができ、より多様な価値と出合うことができたと感じています。

情報活用能力を育むためには、日ごろからさまざまなツールを活用し、パスファインダーの使い方などの学習を積み重ねていくことが必要であると感じています。

(四) 収穫祭をしよう　～調理のメニュー調べ～

二つのグループで調べたことをお互いに報告し合う「見合う会」を行った後、毎年、この時期に行っている収穫祭のメニュー決めを行うことになりました。収穫祭では、お世話になった方を招待し、収穫したものを使って調理を行い、会食をしています。もちろん一人ひとりが制作した器に調理したものを盛りつけて食べることになりました。

「陶芸品リサーチグループ」は、同じ流れで、自分たちが収穫した「小松菜」「大根」「ジャガイモ」「サツマイモ」を使ったレシピを、図書館資料やインターネットを使ってペアで調べることになりました。

学校司書は、事前に写真が載っている食材別のわかりやすい資料を集め、また簡単に検索できるわかりやすいサイトも調べて、同じようにパスファインダーを作成しました。メニュー決めの学習でも、司書教諭と学校司書が授業に入り、資料やサイトの紹介、パスファインダーの使い方の説明、資料のコピーの援助などの支援を行いました。

そして、ペアで話し合って決めたレシピを、なぜその料理にしたのか、理由もつけて発表し、さらに全体で話し合ってグループで作るメニューを一つ決めました。理由もつけながらお互いの思いを出し合い、認め合いながら全体の意見としてまとめていく過程を大切にして決めていきました。

「一五分くらいで簡単にできるから〇〇がいいです」「肉

自分が作った器に盛りつけると味も格別

じゃがの肉が豚肉で、みんながあまり食べたことがないと思うから○○がいい」「器によく合いそうだから」など、それぞれのペアで理由をよく考え、またお互いの意見をよく聞いていて、それぞれの思い、意見の違いやその多様性に気づくことができたように思います。

この調べ学習でも、生徒の実態に応じたわかりやすい資料（写真が大きい、絵や作り方がわかりやすい、調理時間が書いてあるなど）を探して提供したことが大事なポイントだったと考えています。

収穫祭では、お互いのグループが作った料理を食べて「自分で作った器に盛りつけて食べるとおいしい」と何度もおかわりをしたり、ほかのグループに自分から感想を伝えたりする様子が見られました。またお客さんに「このおかずはどうやって作ったの？」「このお皿に使ってある釉薬の名前は何？」などと質問されると、自分の言葉でしっかりと答え、お客さんとメニューや器についての話で盛り上がる様子も見られ、実際に具体的な体験を通して調べたり、図書館資料やインターネットを通して調べたりすることが本物の学びにつながるということを痛感しました。

（五）鳥取じまん展（発表会&ギャラリートーク）

一二月初旬、他学部の友達や先生、保護者、お世話になった窯元の方などを招待して、校内で「鳥取じまん展」を行いました。「じまん展」では、グループごとに調べたことを発表する「発表会」と自分たちが制作した器やまとめたポスターを展示して、見に来てくださったお客さんに説明をしたり、質問に答えたりする「ギャラリートーク」の場を設定しました。「ギャラリートーク」では、自由に話す雰囲気があり、お客さんと関わり合う中で、自然に自分たちが調べてきたことや器作りで使った釉薬のことなどを伝えたいという思いが膨らみ、意欲的に伝えようとする生徒の姿が見られました。

会場を訪れたお客さんからも、たくさんの感想をもらうことができ、「鳥取じまん展」に対する外部からの好意的な評価に喜びや手ごたえを感じている様子が見られました。

学習後の振り返りでは、「友達と一緒にしたことが楽しかった」「坂本さんに教えてもらって、素敵な器が作れてうれしかった」「鳥取の窯元について調べて、プロの作品に魅せられた」という感想が出ていました。また、じまん展の感想では、「先生に『頑張っていたよ』とほめられてうれしかった」「お客さんがたくさん来てくれてうれしかった」「仲間と一緒に自分たちだけで準備した」などの感想が多く見られました。さらに「緊張したけどしっかり発表できた」「声が小さくなったけど、自ら引き受けた司会を頑張った」「頑張りを後で家の人に褒めてもらいうれしかった」など、できなかった自分を感じつつも、でもここはできた、頑張ったと自分を客観的、肯定的に振り返る姿が見られました。それぞれの生徒が、鳥取の陶芸との出合いを通して、新たな知識とともに、新たな自分との出会いを果たした活動になったと感じています。

(六) 鳥取県立図書館での展示　～地域への発信～

「じまん展」の後、二月には、生徒たちが制作した器や調べてまとめたポスターを「鳥取じまん展～鳥取の陶芸～」というテーマで、鳥取県立図書館の二階スペースに展示していただきました。この学習は、鳥取県教育委員会文化財課の「本物に触れる～ふるさとの文化財を学ぶ知楽塾～」事業に応募して補助金をいただいて学習を進めたこともあり、発信の場として、文化財課の方にも鳥取県立図書館を紹介していただきました。

また、調べるにあたっては、鳥取県立図書館などの資料を活用したことから、それらの資料を鳥取県立図書館の方が集めて展示してくださいました。

こうして、校外学習でのインタビュー活動や取材、陶芸体験、学校図書館や公共図書館の資料、インターネットと、生徒の実態に応じたさまざまな手段で調べ、陶芸作品づくり、発表会、ギャラリートーク、歌や動きづくりなどの多様な方法で発信した、約一か月半にわたる「レッツ鳥取じまん」の学習が、鳥取県立図書館での展示（163ページ参照）という形になったことは、生徒たちにとって、とても励みになり、達成感を感じる出来事でした。

この実践では、単元を通して、何度か学校図書館を活用した授業を行いましたが、大事なことは、学校図書館活用が目的なのではなく、生徒の探究的な学習、学びを支えるツールとして学校図書館活用があるということです。

また生徒の実態に応じた支援を行いながら学校図書館を活用することで、知的障害がある生徒でも多様な学びができ、目の前にない事象についても体験と重ね合わせながら調べることで、知的好奇心を満足させる多様な価値と出合わせることができると感じました。また仲間と協同的に学んでいくことで、自分や友達への新たな気づきが生まれ、集団意識や多面的な見

鳥取県立図書館で活用した資料の展示

方を育むことができるということも実感した学習となりました。知的障害教育においても学校図書館を活用することで「主体的・対話的で深い学び」につながる豊かな実践ができ、子どもたちの学びが変わると考えています。

以上、本校の実践を紹介してきましたが「個の実態に応じる」ということは決して、特別支援学校だけの話ではなく、どの学校図書館にも必要な視点です。むしろ通常の資料やサービスでは読書を楽しめない子どもたち、情報を得ることが難しい子どもたちがどの学校にもいる状況の中、その子どもたちへの支援を考えることで、現在の学校図書館の施設や設備、資料などの環境整備や図書館サービスの見直しが進んでいくと考えています。そして、それが決して特別のことではなく、当たり前のことになっていくことが大切だと感じています。

第七章　学校図書館を活用した探究的な学習
「レッツ鳥取じまん〜鳥取の陶芸の巻〜」

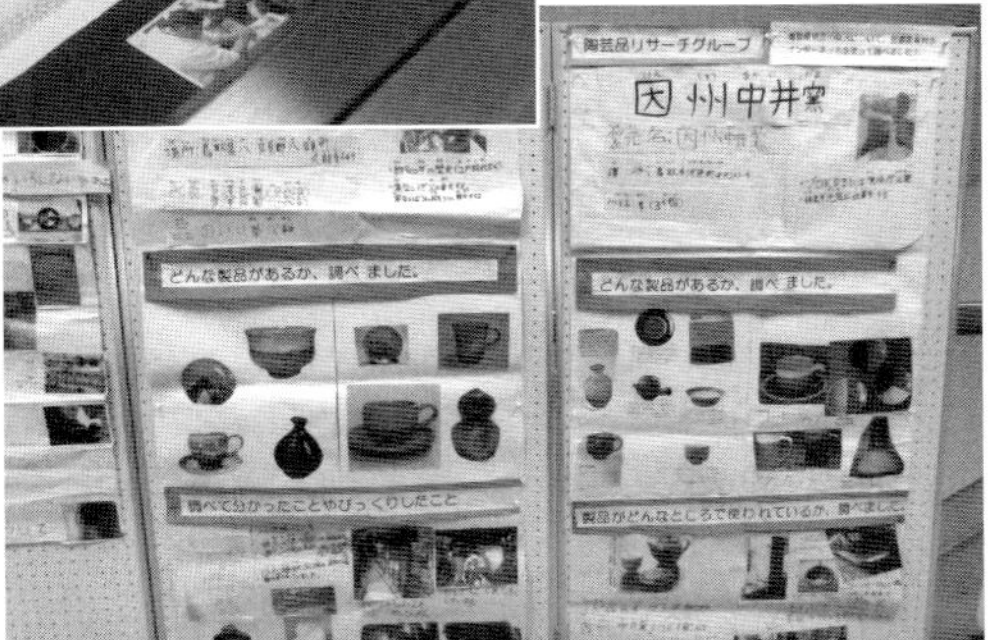

一人ひとりが作った器やポスターを鳥取県立図書館に展示しました

おわりに

みなさんは、「ユネスコ・IFLA共同学校図書館宣言」をご存知でしょうか。一九九九年にユネスコ（UNESCO：国際連合教育科学文化機関）の総会で採択された宣言です。

この宣言では、「学校図書館の使命」の中に次のような記述があります。「学校図書館サービスは、年齢、人種、性別、宗教、国籍、言語、職業あるいは社会的身分にかかわらず、学校構成員全員に平等に提供されなければならない。通常の図書館サービスや資料の利用ができない人々に対しては、特別のサービスや資料が用意されなければならない」（長倉美恵子・堀川照代 共訳）。ここにいう「特別のサービスや資料」の用意とは、まさに、本書で紹介してきたところの合理的配慮とその的確な提供に向けての基礎的環境整備にほかなりません。それを〝おまけ〟のように考えるのではなく、「学校図書館の使命」として明確に位置づけている意味は大きいといえます。

日本の学校図書館においても、「特別のサービスや資料」を必要としている人は、日本語以外が母語である人（子どもだけではなく、ＡＬＴなどの職員も学校にはいます）など、障害者だけではありません。そして、学校図書館の利用者には教職員もいることを忘れてはなりません。私たちは、真に「学校構成員全員に平等に提供」できる学校図書館サービスの実現を目指して、合理的配慮とその的確な提供に向けての基礎的環境整備の取り組みを「学校図書館の使命」として改めて認識し、できることから一歩ずつ着実に進めていこうではありませんか。

二〇一九年一一月

野口武悟
児島陽子
入川加代子

第一部：理論編

【参考文献】

▼全国学校図書館協議会 監修『司書教諭・学校司書のための学校図書館必携：理論と実践（改訂版）』悠光堂、二〇一七年
▼日本図書館協会障害者サービス委員会 編『図書館利用に障害のある人々へのサービス【上巻】：利用者・資料・サービス編（JLA図書館実践シリーズ37）』日本図書館協会、二〇一八年
▼日本図書館協会障害者サービス委員会 編『図書館利用に障害のある人々へのサービス【下巻】：先進事例・制度・法規編（JLA図書館実践シリーズ38）』日本図書館協会、二〇一八年
▼野口武悟 編著『一人ひとりの読書を支える学校図書館：特別支援教育から見えてくるニーズとサポート』読書工房、二〇一〇年
▼野口武悟・成松一郎 編著『多様性と出会う学校図書館：一人ひとりの自立を支える合理的配慮へのアプローチ』読書工房、二〇一五年
▼野口武悟・植村八潮 編著『図書館のアクセシビリティ：「合理的配慮」の提供へ向けて』樹村房、二〇一六年
▼堀川照代 編著『「学校図書館ガイドライン」活用ハンドブック　解説編』悠光堂、二〇一八年

【初出一覧】

第一章：書き下ろし
第二章：野口武悟「合理的配慮とは何か（配慮で変わる学校図書館　第1回）」『小学図書館ニュース』第一〇六八号解説付録、二〇一六年四月、二ページ／野口武悟「なぜ合理的配慮なのか（配慮で変わる学校図書館　第2回）」『小学図書館ニュース』第一〇七一号解説付録、二〇一六年五月、二ページ
第三章：野口武悟「配慮が必要な人のニーズ（1）（配慮で変わる学校図書館　第3回）」『小学図書館ニュース』第一〇七四号解説付録、二〇一六年六月、二ページ／野口武悟「配慮が必要な人のニーズ（2）（配慮で変わる学校図書館　第4回）」『小学図書館ニュース』第一〇七八号解説付録、二〇一六年八月、二ページ
第四章：野口武悟「基礎的環境整備（1）（配慮で変わる学校図書館　第5回）」『小学図書館ニュース』第一〇八一号解説

付録、二〇一六年九月、二ページ／野口武悟「基礎的環境整備（2）（配慮で変わる学校図書館　第6回）」『小学図書館ニュース』第一〇八四号解説付録、二〇一六年一〇月、二ページ

第五章：野口武悟「合理的配慮（1）（配慮で変わる学校図書館　第7回）」『小学図書館ニュース』第一〇八七号解説付録、二〇一六年一一月、二ページ／野口武悟「合理的配慮（2）（配慮で変わる学校図書館　第8回）」『小学図書館ニュース』第一〇九二号解説付録、二〇一七年一月、二ページ／野口武悟「ガイドラインとチェックリスト（配慮で変わる学校図書館　最終回）」『小学図書館ニュース』第一〇九五号解説付録、二〇一七年二月、二ページ

第六章：書き下ろし

第二部：実践編

【参考文献】

▼鳥取大学附属特別支援学校「一人一人のニーズに応じる『知の拠点』としての学校図書館をめざして～知的障害特別支援学校の挑戦～」第四七回「学校図書館賞（実践の部）」受賞論文、二〇一七年

▼鳥取大学附属特別支援学校「平成27年度　文部科学省委託事業　司書の資格・養成の在り方や資質能力の向上等に関する調査研究」報告書、二〇一六年

▼公益財団法人　伊藤忠記念財団『マルチメディアＤＡＩＳＹ図書　わいわい文庫活用術1～4』

▼鳥取大学附属特別支援学校　研究紀要　第三二集　第三三集

▼全国ＳＬＡ研究調査部「２０１３年度学校図書館調査報告」『学校図書館』七六五号、七六七号

▼藤澤和子・服部敦司　編著『ＬＬブックを届ける―やさしく読める本を知的障害・自閉症のある読者へ』読書工房、二〇〇九年

▼「特別支援学校学習指導要領解説　総則編（幼稚部・小学部・中学部）」文部科学省、二〇一八年

▼「特別支援学校学習指導要領解説　各教科等編（小学部・中学部）」文部科学省、二〇一八年

【著者】

野口武悟（のぐち　たけのり）　第一部　理論編

専修大学文学部教授　専門分野：図書館情報学・人文社会情報学（図書館学）

主な著書は『学校司書のための学校教育概論』（共著、樹村房、2019）、『学校図書館基本資料集』（編集、全国学校図書館協議会、2018）『図書館のアクセシビリティ：「合理的配慮」の提供へ向けて』（編著、樹村房、2016）など

児島陽子（こじま　ようこ）　第二部　実践編

前鳥取大学附属特別支援学校　司書教諭　現鳥取県立白兎養護学校　司書教諭

著書『一人ひとりの読書を支える学校図書館　特別支援教育から見えてくるニーズとサポート』（共著、読書工房、2010）『多様性と出会う学校図書館　一人ひとりの自立を支える合理的配慮へのアプローチ』（共著、読書工房、2015）など

入川加代子（いりかわ　かよこ）　第二部　実践編

鳥取大学附属特別支援学校　学校司書

多様なニーズによりそう学校図書館

特別支援学校の合理的配慮を例に

2019年11月21日　初版第１刷発行
著　者　野口武悟、児島陽子、入川加代子
発行人　松本　恒
発行所　株式会社 少年写真新聞社
〒102-8232　東京都千代田区九段南4-7-16　市ヶ谷KTビルＩ
Tel（03）3264-2624　Fax（03）5276-7785
http://www.schoolpress.co.jp
印刷所　図書印刷株式会社

ISBN 978-4-87981-689-4　C3037

カバーデザイン、イラスト：中村光宏　編集：舛田隆太郎　DTP：木村麻紀　校正：石井理抄子　編集長：藤田千聡